コンサルティング会社
完全サバイバルマニュアル

メン獄

文藝春秋

地獄であっても
一時も信念から
離れることはない。
光へ仕える。

ローレンス・ビニヨン「癒し手たち」より

はじめに

本書は、２００９年9月から12年間、大手外資系コンサルティング会社に勤務し、同社でアナリストからコンサルタント、そしてシニアマネージャーまでのキャリアを経験した人間が、自身の独断と偏見にのみ基づき記載する業界内サバイバルマニュアルである。

所属業界・会社の一般的な総意ではなく、あくまでも個人の体験をベースにした非公式マニュアルだ。と同時に、私がコンサルタントとして働く中で出会った尊敬すべき仲間たちとの仕事を通して、人として、一社会人として、どのような成長を遂げたのかを振り返る記録である。

２０２０年代、〝大コンサル時代〟ともいえるブームが起こっている。15年ほど前には、大学生の就職活動において人気上位ランキングの常連であった国内の総合商社やメガバンクにとって代わり、今や戦略・総合コンサルティング会社、あるいはシンクタンクと呼ばれる企業が上位にランクインしている。ＮＨＫの調査によれば、就活口コミサイトが発表した東大生・京大生の２０２３年卒業生の就活人気ランキングにおいて、トップ10の半数をマッキンゼーやボストンコンサルティングといったコンサルティング企業が占めている。

かつてコンサルティングという仕事は、経営者との広範な関係性と自らの経験・専門性を武器とし、経営全般に対するアドバイザリー業務を指すものだった。しかし、現代においてはそれに加えて、最新テクノロジーを用いた経営の効率化、事業拡張を得意とするＩＴコンサル、Ｍ＆Ａを検討しているクライアントに対して財務や金融のアドバイスを行うＦＡＳ（ファイナンシャル・アドバイザリー・サービス）、成功報酬を前提とした新規事業伴走型コンサルティング等、様々な角度からの企業支援サービスが派生しており、サービスに応じたキャリアのルートが存在する。

業界の拡大は衰えることを知らず、即戦力の補填《ほてん》を目的とした中途採用も積極的に進み、毎年、万を超える人間が新たにコンサルタントとしてのキャリアを歩みはじめている。

長らく、コンサルティング業界は、証券業界、広告業界と並んで激務の象徴とされてきた。コンサルティング会社の多くがオフィスを構える六本木の夜景は、彼らの残業で彩られると噂されてきたほどだ。

だが昨今、社会全体の働き方改革の波に後押しされながら、この業界にも少しずつ変化が訪れている。女性向けファッション誌などで、コンサルタントという職業が先進的かつカジュアルな、やりがいも得られる新世代のワークスタイルの一例として紹介されている流れもあり、従来の価値観にとらわれず自由にキャリアを選びたい若者にとって、注目すべき仕事の一つとなっている。

一方で、ここ数年にわたる業界内の急激な変化は、意図しない副作用ももたらした。人員不足を補填すべく拡大された採用活動は、メディアの煌《きら》びやかなイメージに扇動され仕事の内容を充分に理解しないままに応募してしまった一部の層までも、両手を広げて歓迎してしまった。

そんな新時代のコンサルタントと、激務の時代をくぐり抜けてきた生え抜き社員との間には、仕事観の深い相違が存在することもまた確かだ。

私が入社した２００９年は、業界特有の長時間労働やパワハラに相当するレベルのしごきに対し、社会・業界全体の問題意識が今ほど顕著ではなかった。そのため、コンサルタントたちはハードな長時間労働を通してサバイバル術を身につけ、生き残った者だけが会社やプロジェクトの中核構成員となっていった。

しかし今の時代に大量採用で業界に入社した社員たちは、幸か不幸か、突き落とされた千尋《せんじん》の谷を這い登るような、高負荷な鍛錬でトレーニングすることは許されていない。加えて、2020年から拡大したコロナ禍は、先輩の仕事の暗黙知やコンサルタントとしての阿吽《あうん》の呼吸を見よう見まねで盗むことができるオフィス環境を奪い取ってしまった。

つまり、ここ数年の間にコンサルティング会社に入社した社員の多くは、仕事の核心を会得する時間的・空間的環境が極めて限定的にしか与えられていないのだ。

コンサルティング会社では通常、クライアントとの業務委託契約に基づき、特定期間において、「プロジェクト」単位で日々の仕事を行う。クライアントは、小売・資源・情報通信・製造・医療・行政・運輸など多岐にわたる。ひとくちにコンサルタント業と言っても、プロジェクトごとで業務内容が大きく異なり、定型的な「マニュアル」化が非常に難しい。

本書は、そんな環境下で日々、自問自答しながら、トライアル&エラーを繰り返す新米コンサルタントたちの一助となるべく、かつて私が長時間の就労を通して体得したサバイバル術を可能な限り言語化したものである。

当初、この文書は私が勤務していたコンサルティング会社を退職することを決意した際に、最後の部下となった一人のスタッフに向けて書いたものだ。前職では芸能関係の仕事をしていた彼女は、コンサルティングという仕事が一体どのようなものであるのか、ほぼ何も理解していなかった。私が上司として彼女をスーパーバイズできる時間が3ヶ月を切っている中、部下がこの業界で働いていく上での道標を残せないかと考えて、マニュアル化に着手したのがキッカケだ。

客観的に見て、私自身はキャリアを通してたいして優れたコンサルタントではなかった。しかし、だからこそ大志も大義もなくコンサルタントになった一大学生が、どのように12年という歳月を業界内で生き延びたのかという激動の記録は、彼女が道に迷った時に、一つのヒントになるのではないかと考えたのだ。

第I部アナリスト編では、アナリストから出発するコンサルタントの初歩段階において、絶対に身につけておきたい基本動作と思考法について示してゆく。業界をサバイバルするために最低限必要なスキル、武器を手にしてもらいたい。

第Ⅱ部ジュニアコンサルタント編では、コンサルタントに昇格したあとに求められる対顧客やチーム内での仕事術について実践的に示してゆく。いわば武器を手に社内外でどういう戦術を組み立てるか、主体的な動き方を身につけるための指針だ。

第Ⅲ部シニアコンサルタント・マネージャー編は、キャリア形成の全貌を見渡す上で、マネージャーの立場ではどういう役割が求められるのか、仕事のグランドデザインの一助になるように記述した。

コンサルタントの働き方に一義的な定義はない。私が現場で摑んだ経験知から、読者自身が働き方を確立し、より自由で自分らしい仕事のスタイルへと羽ばたいていくことを望む。

目次

第3章 「自分の限界を会社の限界にするな」——会社の〈集合知〉を徹底活用する

第II部 ジュニアコンサルタント編
――限界労働。その先

第6章 「顧客の歴史に敬意を払え」
――クライアントを多角的に理解する

第7章 「前提を疑え」——「言われた通りにやりました」に潜む罠

第8章 「あなたが社長ならどうします?」
――「変化」を起こすから価値がある

第9章 「作業を切り出せ」
――チームにどう動いてもらうか?

第III部 シニアコンサルタント・マネージャー編
ミッションは勝つこと

第10章 「真剣にやってその程度なら降格しろ」
──マネージャーの絶対条件

第11章

「お前って結局何ができる奴なんだっけ?」
――自分が進化し続ける重要性

第12章 「最高のチームでした」——周囲を動かすビジョンを持つ

本書の刊行にあたって2009年から12年間にわたり、
私に就労と学習の機会、数々の挫折という財産、
何よりもかけがえのない仲間を授けてくれた会社に感謝する。
すべてのコンサルタント、そして将来のキャリアとして
コンサルタントを目指す人へこの本を捧ぐ。

第I部

アナリスト編

私大文系バンドマン。コンサルタントになる

第1章

「"速い"はそれ自体が重要な価値だ」

──スピードを生む仕事の基礎力

兵における第一の美徳は勇気ではなく、疲労に対しての忍耐である。貧困と欠乏、そして欲求が良き兵を作る。
──ナポレオン

アサインメールは突然に

2009年10月、私は都内某所のコンサルティング会社のロビーにいた。いくつかの外資系のIT企業が拠点を構えるこの巨大ビルディングには、その年の9月に私が入社したコンサルティングファームの本社があった。日本国内の総社員数は約3000人という。

入社して約1ヶ月間の研修期間を終えた後、同期が次々と有名企業のクライアントのプロジェクトへ派遣されていくのを尻目に、２週間のアベイラブル（待機）期間を経て、ついにその日、私はプロジェクトに配属された。

２週間のアベイラブルは、世界随一のコンサルティングファームに奇跡的に滑り込むことで維持された私のプライドを砕くには十分なものだった。内定者懇親会で先輩社員たちから「入社以降は寝る間もなく働く」と聞いていたにもかかわらず、受け入れ先の仕事がない、という状況に混乱した。

折しも、就職活動を終えた２００８年の春から約半年後、サブプライムローン問題に端を発するリーマン・ショックは世界中の経済に大打撃を与えていた。大学生活のほとんどをアルバイトとバンド活動に費やしていた当時の私は、未曾有の〝不景気〟の深刻さをあまり理解していなかった。

コンサルティング会社は通常、クライアント企業に対してコンサルテーションを行い、対価として報酬を受け取る。しかし不景気の折、多くの企業はコスト削減にいそしみ、人月《にんげつ》単価の高額なコンサルティング会社を予算削減の仕分けのターゲットとしていた。

多くの既存契約が突如として打ち切りとなり、コンサルティングファーム各社は新規案件の獲得に苦労する。残された数少ない生命線となる案件は、実力と経験を兼ね備えた精鋭社員たちが担い、数ヶ月前まで学生であった大量採用枠の新入社員が活躍する余地は、急速に失われていたのである。

実はコンサルタント業界において、配属先がないために待機せよ、と暗黙に言われているアベイラブル〟とは、ある種の〝戦力外通告〟に相当するとされていた。

新入社員以外でアベイラブルとなる社員の多くは、直前のプロジェクトにおいて何らかの〝訳あり〟社員だ。当該社員は特定のプロジェクトに配属されることなく、日々本社の研修会場の一室に出社しタイムカードを押し、自己研鑽という名目でＷｅｂ研修に励むように人事から指示を受ける。

毎日ただ決まった場所、決まった時間に出社し、役立つかどうかもわからない新たなＷｅｂ研修を検索して受講する。隣には明らかに覇気を失った中年社員が研修コンテンツとは異なる動画を見て時間をつぶしていれば、奥には光を失った目で転職サイトをスクロールする別の社員がいる。彼らはもしかすると近い将来の自分の姿なのではないか……そんな不安を抱えながら毎日を過ごしていたのだ。

もはや、働けるのであればどんな仕事でもよかった。社会から、組織から必要とされたかった。はじめて振り込まれた月給は、貧乏学生だった自分にはあまりにも高額で、それに報いるためにとにかく働きたかった。

同期が、一人また一人とプロジェクトへの配属が決まっていく中、アベイラブル部屋にとり残された自分自身がたまらなく惨めに思えた。明確な処遇の差についての説明は与えられず、様々な不安が頭の中をめぐった。

アベイラブル期間2週目の最終営業日――待ちに待ったアサインメールは、あっけなく届いた。

His Name is YAMAUCHI

「9時に本社ロビーで。プロジェクトの担当者が迎えにいきます。詳しくはそこで」

要件のみのシンプルなメールで、それ以上のことは文面から何も伝わってこなかった。

だが、やっと摑《つか》んだ配属のチャンスを無駄にはできない。大型ルーキーであるという第一印象を与え、仕事を手にしなければならない！　私は約束の当日、スーパーの生鮮売り場の鯖《さば》も顔負けの、グレーの光沢感のあるスーツで決め込んだ。

千葉の片田舎出身の私は、大型ルーキーの素養は見た目で表現するものと考え、伊勢丹のスーツ売り場で「新入社員であれば少しお色を控えた方が……」とたしなめられたのも無視し、戦闘モードの「鎧《よろい》」で身を固めていたのだ。

やってきた男は「西崎です」と名乗り、こう続けた。

「君の上司は今別件で迎えに来られないから、代わりにきた。出会い頭にこんなことを言うのもどうかとは思うけど、君の上司は少し優秀すぎるところがあって、一緒に働くにあたっては覚悟しておいてほしい。

まず、アメリカ帰りで日本語のコミュニケーションができない。そして、パフォーマンスの低い部下に激怒して部下の腕を折ったことがある。君、英語できる？」

完全に想定外の展開だった。

当時の私のＴＯＥＩＣスコアは６５０点程度で、外資系の会社に来るには高いとは言えないスコアだ。加えて受験勉強以降、完全に研鑽をサボっていた自分は、特にリスニングとスピーキングに大きなコンプレックスを抱えていた。しかし、ここでできないと言ってしまえば、アベイラブル部屋に戻ることになるかもしれない。そう考えるともはや退路はなかった。

「できます！」と、頭が判断するより先に、言葉が口から出ていた。

煌びやかな本社と道を挟んだ雑居ビルの一室に連れていかれると、私の上司になる男が座っていた。想像していた外見とは異なり、髪も目も黒く、どこからどう見ても生粋《きっすい》の日本人だ。年齢は20代後半だろうか。しかし足を組みながら英字新聞を広げ、スターバックスのグランデサイズのコーヒーを持つ姿は、なるほど、確かにウォール街を思わせた。

「ヤマウチ　デス」と、その男は握手を求めてきた。

（日本語で話しかけてくれているのか？）

西崎から聞いていた事前情報からかなり気難しい性格であると推測していた私は、混乱しつつも握手に応じ、「よろしくお願いします」と完全に日本語で応答していた。ヤマウチは続けた。

「Fukkin, kyokin, jowan-nitokin, subete kitaereba kimimo……」

私は一言も聞き逃すまいと、咄嗟《とっさ》に内ポケットに忍ばせていたメモにヤマウチの発する言葉を記録した。

「PERFECT BODY」

確かにそう聞こえた。英単語を自分自身の耳が理解できたという高揚感が脳を満たし、「わかりました」と大きく頷《うなず》いた。

「わかりました、じゃないでしょ」

ヤマウチは日本語のイントネーションでそう言った。訳がわからなかった。アメリカ帰りの英語しか喋れない優秀で知られる上司が、私のために日本語を喋ってくれているのか。

様々な可能性が脳をめぐる中、ふと西崎を見ると、彼は下をむき必死に笑いをこらえていた。その時になって私ははじめて、先輩社員の仕掛けたドッキリに引っかかっていたことに気づいたのである。

歓迎会後に議事録作成

初日から「クライアントとの会議だから準備して。あと議事録とって」と言われ、クライアント先を一緒に訪問することになった。私がはじめてアサインされた仕事は、プロジェクト自体が開始して間もなく、クライアントとの初回キックオフの会議が、私の社会人初の会議となった。

私は高揚していた。入社から1ヶ月と2週間、研修の成果をついに発揮する時が来たのだ。研修中、プログラミングについては大学院の研究やインターンで経験済みの同期の後塵を拝していたが、議事録については上位の評価を得ていた。今こそ月給に報いなければならない。

そう思い、クライアント先の会議室でメモをとろうと胸ポケットに手を入れた瞬間、自分がペンすら持っていないという衝撃の事実に気がついた（当時は会議先にPCを持参せず、資料は紙に印刷し、議事メモも紙でとることが一般的だった）。

どんどん進んでいくクライアントとマネージャー陣との名刺交換、もう次の瞬間には最初のアジェンダ（議事事項）に関する議論がはじまる。そう思った時、私は両眼をみはり、全集中〃議事〃の呼吸で、すべての神経を両耳へと集中させた――。と、その時、集中させていた右耳が「ドンッ」という音を捉えた。

隣に座る女性先輩社員がものすごい形相をしながらこちらを睨み、ボールペンを机に叩きつけていたのである。

「（ありがとうございますございま）ス――――――」

吐息となんら変わらない音に成り果てたお礼を添えつつ、ボールペンを手に取り、私は社会人としてはじめての議事録をとりはじめたのだった。

会議が終わった時、既に時計は定時である18時を過ぎていた。

クライアントのオフィスからプロジェクトルームへと戻る途中、先輩たちは1杯目のビールが200円になるモダン居酒屋で、簡単な歓迎会を開いてくれた。軽いつまみと各自1杯だけビールを頼み、それを飲み干し、プロジェクトルームへ戻った時には既に21時を過ぎていた。颯爽と鞄を持って退社しようとした私に、ヤマウチは「議事録、何時にできる?」と問いかけた。

振り向くと、先輩社員たちは誰一人として帰る素振りを見せず、みな黙々と業務を再開し、先ほどの会議を振り返りながら、次の一手を議論しはじめていたのだ。

「議事録は、明日の夜までに提出しようと思っていたのですが、遅いでしょうか……」

と、酒の入ったぼんやりした頭で、私は恐る恐るヤマウチに聞いた。はじめての会議の緊張が酔いを加速させていたらしい。

私が言葉を言い終えるよりも早く、「遅い！」という言葉が無慈悲にも返ってきたのだった。

いわゆる〝コンサルタント〟のイメージ

さて、この本を手にとってくれた読者は、いわゆる「コンサルタント」についてどんなイメージを持っているだろうか。

パリッとアイロンのかかったシャツにスリーピースのスーツと高価な腕時計を身につけ、ホワイトボードの前で3つの論点をMECE《ミーシー》に（漏れなくダブりなく）並べ、クライアントに経営課題を説く――私も入社前はそんなステレオタイプなイメージしかなかった。その程度の理解しか持ちあわせていなかった私大法学部卒の私がなぜコンサルティング会社に入ったのか、当時の背景を軽く話しておきたい。

高校時代にハイスタンダードや銀杏BOYZにはまってバンド活動をはじめた私は、ドラムにちょっとした自信があり、大学になってからは、友人たちとオリジナル曲を作っては吉祥寺や下北沢のライブハウスで月2回程度のライブをして、好評を博していた。時間を自由に使って音楽活動に専念すれば、自分の才能が世間の脚光を浴びて、音楽で食べていけるくらいの収入は簡単に得られるだろうと思っていた。

ところが東京の音楽シーンのレベルの高さ、周囲の圧倒的な熱に飲み込まれ、根拠のない自信はしだいに打ち砕かれていった。音楽に挫折し、自分の輪郭をとり戻すために、その戦場を就職活動へと移した私は、当時人気のあった外資系投資銀行や総合商社に手当たり次第エントリーしたが、数学が足を引っ張り、それらトップ企業が足切りテストとして課すSPI（適性検査）を突破することはできなかった。

そんな中、変わり種の私を偶然拾ってくれたのが、採用の裾野を拡げつつあったコンサルティング会社だった。

さて、当時は、コンサルタントをめざす者たちのキャリアのスタートとなるアナリスト職は、その名前の通り、**提案の土台となるクライアントを取り巻く現状の〝調査・分析〟業務と結果の取りまとめを主な業務**としており、どちらかと言えばオーバーサイズで派手な服が多かった私もパリッとしたシャツとスーツを買いそろえ、仕事に臨む場面が多かった。

しかし時代の流れの中で、コンサルティング会社全体の事業は多角化した。ひと口にアナリストといっても、その仕事はWebデザインに近い領域からAIを使った解析業務まで非常に多岐にわたるようになった。かつてスーツで固められていたコンサルタントの服装も事業と同様に変化した。同僚たちも、リモート形式の会議であれば相手がクライアントでもUNIQLOのフリースやスウェットシャツで参加することが一般的になっていった。

私が会社を去る直前の日々においては、かれこれ2年間スーツを着ることはなかった。あまりにも普段着ないので、1着を残し、すべてリサイクルショップで売り払ってしまったほどだ。

クライアント先を訪問する場合でも、ジャケットと襟のついたシャツさえ着用していれば、よっぽど明るい色でもない限り、失礼にあたることもないだろう（私はかつてデニムシャツを着ていって怒られたことがあるから、賢明な読者諸氏におかれては避けることをおすすめする）。

このように、従来のコンサルタントのイメージも急速に変化している時代、それでもなお、コンサルタントのコンサルタントたる所以は、一体なんなのであろうか。

その筆頭に挙げられる**核心的要素は、「速度」にある**、と私は考えている。

コンサルタントのアイデンティティとしての〝速さ〟

コンサルタントはそれぞれ強みとなる専門性を持ち、クライアントに価値提供を行っているが、多くの場合、クライアントが期待していることは専門的知識や提案だけではない。プロジェクトという単位に切り出された**特定の検討テーマについて、圧倒的なスピードで議論をリードしてくれることが期待値に含まれている**のだ。

コンサルティング企業に高額なフィー（報酬）を払って依頼することはすなわち、課題検討の特急チケットを買っているようなものだ。そのため、コンサルタントは自身とチームの仕事に対して常にスピードを求める。

ヤマウチや西崎をはじめとする先輩たちは、とにかく「速度にこだわる」コンサルタントであった。

まず物理的なタイピング、ＰＣの操作が異常なほどに速かった。オフィスの中でマウスを使っているのは私だけであり、先輩たちはＰＣに向かう際、マウスを一切使わなかった。

当時、会社では海外拠点での研修が頻繁に開催されていたのだが、日本オフィスのメンバーがマウスを使わずに、さまざまなショートカットを駆使してExcelを操作しているのを見て〝wizard...（まるで魔術師だ）〟と感嘆の声が上がるほどだった。

私がExcelをマウスを使って操作しているのを見たヤマウチは、マウスを取り上げ、「次マウスを使っている所を見たら、手を切り落とす」と言い放った。最初は操作に戸惑ったものの、1週間もすればマウスがないことに体が自然と慣れていった。

ここからは、スピードを生むための具体的な方法を順を追って説明していこう。

一つの作業ロットを2時間にする

作業の指示をもらったものの、自分が一体何をすれば良いのかわからないまま時間だけが過ぎていく……。そんな経験は誰にでもあるのではないだろうか。

私もプロジェクトに配属された当初は、ヤマウチの作業指示を理解することができず、そもそも何を考えれば良いのかがわからないままなんとなくググっては1時間各サイトを彷徨《さまよ》い、その結果をExcelに貼り付けては、2時間後にヤマウチにどつかれる、という毎日を過ごしていた。

速度を身につけるためには、まずこの「迷子の状態で漫然と作業をしている時間」を徹底的に排除する必要がある。その第一歩として、1日8時間の**作業ロットを2時間単位に分割**したい。

例えば朝、何か上司から指示された場合、日を跨《また》いで結果を見せるようでは遅い。朝一で指示があれば、遅くとも午後一に、一度何かしらの作業進捗《しんちょく》を上司に見せられるコミュニケーションが必要だ。

なぜなら、**作業の〈手戻りリスク〉を最小化する**ためだ。その日1日をかけてゆっくりと作業した内容が、上司の意向と全く異なるものであったことが翌日明らかになった場合、もはやリカバリーすることができなくなってしまう。入社1年目の私は、作業を1日かけて行い、翌朝に報告するようにしていたが、「え、1日かけてこれ？」「ごめん。全然指示した内容と違うが……」と差し戻されることが頻繁に発生していた。

1日かけた作業が生産高に結びつかないことは5営業日のうちの20％が既に無駄になってしまったことを意味する。その時点で残りの4営業日でリカバリーが必要となり、本来避けるべき残業が発生してしまう。

このような惨事を回避するために、まずは2時間集中し、その中で何かしらのアウトプットが出せるかどうかを自分で考え、そこまでの成果をぶつけよう。

作業を進める中で20分以上手が止まる場合は2時間を待たずして、即上司に対してエスカレーション（上席への報告）することを心がけたい。20分考えて手が止まるような場合は、作業のやり方がイメージできていないことを意味する。作業の手順を具体的に指示するのは上司の仕事の一環でもあるので、その場合遠慮なく相談しよう。結果としてその方が仕事は早く終わり、かつ残業代が節約されれば、プロジェクトのファイナンスも改善しクライアントの予算を無駄にすることもなくなる。これは立派なクライアントと会社への貢献なのだ。

ボールが来る場所に走る

仕事の速度の本質は、物理的な作業スピードもさることながら、**次に何が起こるのかを予測して仕事を行う〝先読み〟にこそある**といえる。

鍛えられたコンサルタントの体は、「Aという事象が発生した場合はB」「Cという事象が発生した場合はD」というように、もはや考えたり悩む間もなくインプットした情報はそのまま神経を伝達し、行動に移るようになっている。そのような基本動作の集合体こそがコンサルタントのスピードの正体だ。

コンサルティング会社を退職し別の業界に就職したOG、OBはよく、「新しい会社では同僚たちと会話のプロトコルが通じない。コンサルティング会社で働くことがどれだけ効率的で恵まれていることなのかがよくわかった」と過去を振り返る。

世間からはプライベートのシーンにおいても横文字やホワイトボードを多用するコンサルタント仕草がよく笑いの対象となっているが、特定のシーンにおいては特定のパターンを考えるよりも先に条件的に実行する、というまさにその点こそが、コンサルティング会社が赤い彗星の如くスピード感を持って仕事を推進できる理由だ。

簡易な例を挙げるならば、クライアントから何かしらの資料やデータを受領した場合、その資料をチームの他のメンバーが見られるような場所に格納し、格納場所を周知する。会議が終われば30分後には議事の要点と期限と担当が割り振られたToDoを展開する。これはコンサルタントであるならば誰の指示を受けるでもなく一息にできる必要がある。

あるいはクライアントの要求仕様書に対して、会社として提案書を作成するとなれば、提案書の目次構成と各目次ごとに記載するメッセージをまとめ、まずは骨子のドラフトとして他メンバーと議論するためのいわゆる「叩き台」を作り、提案キックオフと呼ばれるような内部会議を設定する。

これらを一呼吸でできるのが、コンサルタントなのだ。作業が正確なのは当たり前。その上で、どれだけ速いか？　このスピードへのこだわりがコンサルタントと他の職種とを分けるポイントだ。

もちろん作業は原則としてすべて、上司の業務指示に従い行うものだ。しかし、指示を待っていて行動するのと、事前にこう動くであろうと意識しておいて日々の仕事をするのでは、結果として両者の速度は圧倒的に異なる。ボールが飛んでくる所を予測し、予《あらかじ》め体をその場所に移動させてボールをキャッチするが如く、日々次の業務を予測しながら行動してはじめて、仕事は圧倒的に「速く」なる。

そうした基本動作を所属しているメンバー全員が無意識に行い、メンバー間の阿吽の呼吸が実現するからこそ、コンサルティング会社の仕事は組織として「速い」のだ。

「〝速い〟はそれ自体が重要な価値だ」

かつてのコンサルタントは上司からよく**「自分の時間あたりの単価がいくらかわかってる?」**とヤマウチに叩き込まれた。

という強烈な圧をかけられながら作業をしていた。現在はパワハラ的言動について業界の自浄作用が働いており、このようなフィードバックをされることはあまりないが、コンサルタント自身は事実として知っておく必要がある。

一般的に、総合コンサルティング企業のアナリスト／アソシエイト一人の月額単価は150万円ー250万円であり、1日あたりで換算すれば約10万円。8時間の営業時間で割れば時間あたり1万2500円相当の単価になる。もし資料を4時間かけて作成すればその資料は5万円相当の価値がクライアントにとって存在しないと、割に合わない。プロジェクトごとで、安くても数千万、規模の大きなものだと億単位のお金が動く。

このコスト意識をキャリアの早い段階で魂に刻みつけ、スピードに対するこだわりを身につけることが、コンサルタントのキャリアの第一歩になると言っても過言ではない。

仕事の段取りを先につける

とにかく速く仕事を終わらせる、という精神論だけでは仕事は速くならない。

上司から仕事の依頼があった時、闇雲に作業をはじめてしまうと必ずと言っていいほど失敗するだろう。初回の報告で一所懸命作った資料を持っていっても、上司から返ってくる言葉は「この作業っていつ終わるの?」「終わるイメージついている?」というものになる可能性が高い。

本来は上司が仕事を依頼する時に細かく指示を出すのが望ましいが、非常に多忙ゆえ、アバウトな指示になりがちだ。上司からの指示に対して、以下の5つのチェック項目に沿って、「この仕事の完成形はこういう感じ」という自分なりのイメージを作ろう。

1 その仕事の目的はなんなのか?

その仕事を終えることで、上司は何が達成できるのか。作ろうとしている資料はどういう用途で誰が読むものなのか。

2　仕事のインプットとアウトプットは明確か？

作ろうとしているアウトプットに対して、インプットはどれを使えば良いのか。自分でインプットから探さなければいけないのか、それとももう既に上司の手元にはインプットがあるのか。また、アウトプットはどのようなファイル形式で作れば良いのか。そのアウトプットで結論として誰に何が言えれば良いのか。

3　作業手順は明確か？

インプットをアウトプットに変換する工程の中で、自分が頭を使うポイントはどこなのか。その作業手順のイメージはついているか。

Excelだけで完結する作業なのか。Excelだけですむならどういう関数を使うのか、それともピボットテーブル機能を使うのか。自分だけでできない作業なら、誰の助力がどの程度必要か。その助力を得るための依頼は誰から誰に行うのか。

4　提出前に誰の確認が必要な仕事なのか？

上司の他、同僚の誰に確認を取っておけば良い仕事なのか。同僚には何を確認してもらう必要があるのか。

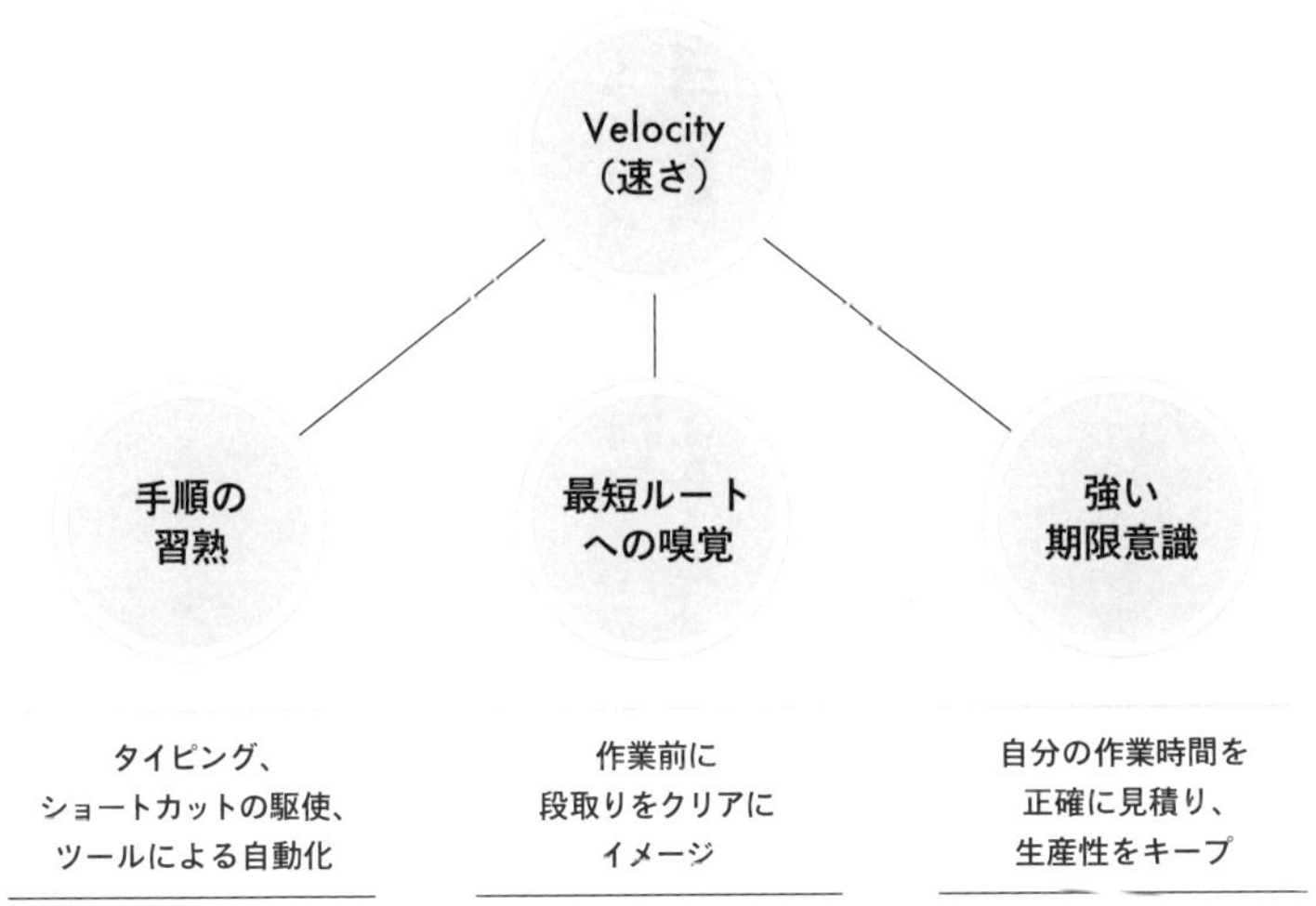

図1　速さを生み出す

5　タイムラインと優先順位は明確か？

いつまでにどういう状態になっていれば良い仕事なのか。他の仕事との優先順位はどうなっているか。

正確な見積りと期待値調整で速さを〝演出〟する

年中スピードを出しすぎて、体を壊してしまっては元も子もない。「加速状態を持続可能な状態で維持する」という絶妙なコントロールが求められるのがコンサルタントの辛いところだが、そこで覚えておきたいのが〝期待値調整〟テクニックだ。

例えば同じ仕事を同じだけの時間で完了す

ることができるA君とB君がいるとする。A君は本来翌日の17時までに完了すれば良い仕事を引き受けた際、本日中に終わらせます！　と力強く宣言し、結果として翌日の17時に提出することになった。一方B君は、明日の18時までいただければ終わらせることができるかもしれません、と控えめに宣言した上で、結果として翌日の17時に提出したとする。

この時、二人は同じ仕事を同じ時間に終わらせているにもかかわらず、周囲にいる人間からはA君は自分で定めた締切りを守れなかったルーズな人、そしてB君はしっかりと締切りに合わせて仕事ができる人という評価になる。

A君とB君の明暗を分けたのは、B君の**自分の作業に対する見積りの正確さと期待値調整の巧みさ**だ。A君はそこを見誤ったため、必要のない「遅延」を自ら招いている。

私も過去、クライアントが3日後に出てくれれば嬉しい、といった仕事を「今日中に提出します！」などと期限を切ってしまい、結果として終わらないことが多々あった。その都度先輩たちから「もっと保守的な期限を言っておけばいいだろ！　3日後って言っておいて、2日後に出せば十分喜ぶじゃん！」と怒られたものだ。

はじめのうちは一つの作業を開始する時に、時間を予測した上で、ストップウォッチで計測するのが良い。おそらく予測時間をオーバーするだろうが、どの手順や予定外の要素がネックになったかを振り返ることが大切だ。

私はアナリスト時代によく議事録を作る仕事を頼まれていた。議事録は通常、1時間の会議であれば1時間で作成することが理想だが、実際に書いてみるとなかなかそうはいかない。出席者全員の名前をメモし損ねていて関係者に確認を取らなければならなかったり、出席者の発言の背景を確認したりと、思った以上に時間がかかるものだ。

また、作業途中で同僚に声をかけられたり緊急のメールに返信をしたり等、〝差し込み〟が入ると集中力が途切れてしまう。現実的にこうした中断は頻繁に発生するし、そのような想定外の出来事への対応を含めた上で、どの程度の時間があれば一つの仕事を終わらせることができるのか、感覚を研ぎ澄ますことが大切だ。

予定外の手順を一つずつ予測時間に組み込んでいくことで作業見積りの精度は向上し、上司やクライアントからの「なぜそんなに時間がかかるのか?」という質問に対しても、明確に切り返せるようになる。正しい作業見積りを立てられず、いつまでに仕事が終わるのか明確にできない社会人は、いつまで経っても仕事を任せてもらうことはできないだろう。

〝拠り所になる資料〟を理解する

当たり前すぎて誰も教えてくれないことだが、プロジェクトはクライアントとの契約に基づき、**指定されたスコープ（役務の範囲）、予算、納期が定義されている。**そのため、どのような状態となればプロジェクトが完了したこととなるのかは、クライアントとの合意文書を読み込むことである程度想像しておくことができる。

どんなプロジェクトにおいても必ず、クライアントが発注先であるコンサルティング会社に何をしてほしいのかを取りまとめた**「要求仕様書」**と、仕様書に対してコンサルティング会社が何をするつもりなのかを具体化した**「提案書」**が存在する。コンサルタントがプロジェクトにおいてやることは、原則としてすべてこれらの文書の記載に包含される。

これらの文書をしっかり読み込んでおくことで、自身がやっている作業が「なんのためなのか」「どこに向かっているのか」「いつまでに終わっているべきか」のあたりをつけることができる。

向かうべきゴールという前提情報を知っておくことは、作業スピードや確度に大きな影響を与えるため、プロジェクトに配属された直後に必ず読んでおこう。

スピードスキル集　その1

議事録篇

アナリストがまず一番最初に任される仕事は、議事録だ。

要を得た議事録が綺麗に書けるかどうかでスタッフとしての周囲からの信頼がまるで違うため、議事録については1年目でしっかりとした品質のものを手早く作れるようになる必要がある。議事録が書けるということは議論されている内容を理解して、次に何をしようとしているのかがわかっている、ということになる。

会議前準備

投影資料がある場合、きちんと読み込んでおこう。その会議がどのような帰結になるのかをシミュレーションしておくこと。

誰が何を言えば成功で、何が決まらなければ失敗なのかを事前に仮説として持っておく。

私はかつて上司から**「会議前に議事録は書き終えておけ」**と怒られたことがある。これは言い得て妙の名言で、自分が説明する内容とクライアントをどう誘導するのか、の明確なイメージがあれば、6割程度の内容は会議前に書き終えることができるのだ。

会議中

会議が開始する直前に出席者の誰がどこに座っているかを把握するための座席表を作っておこう。人数が多い会議では発言者を特定する際に意外とこれが役に立つ。

会議がはじまった後は全集中でとにかく聴く。

端末を使ってメモをとる場合、タイプ音が議論の邪魔になる場合があるため注意したい。

会議後のドラフト作成

不明点は、会議終了直後に上司やクライアントを捕まえて解消しておこう。その場で解決する癖をつけなければいけない。ただし、不明用語、業界用語を自身が知らないだけの場合もあるので、念のため会議中に調べた上で質問すること。

議事録は所定のフォーマットが必ずプロジェクト毎に存在しているため、クライアントか上司に確認し、そのフォーマットに沿って作成しよう。

議事録は会議時間と同程度の時間で書き上げるのが一般的な原則だ。そのため録音を文字に起こすというのは二重の手間となるため、基本的に行わない。絶対に聞き逃すことができず、技術的、業界専門的で理解が難しい内容に限り、クライアントの許可を得て録音する。

議事録のとり方はプロジェクトの作法に依存するが、基本的には議論した内容が重要であり、資料の冒頭を説明している箇所は〈資料に沿って説明〉などの記載とし、投影資料とのリファレンスをとることなどで議事録の分量を減らし、討議内容にフォーカスしたものとする。

その会議で何が決まり、次に何を誰がいつまでにすれば良いのかがわかるように、**「決定事項」と「ToDo」は議事録冒頭に簡潔に書く**こと（図2参照）。

議事は出席者の喋った発言をそのまま文字起こしするのではなく、意図を汲み取って必要に応じて発言の背景を補足したり、冗長を排除したりしつつ見解を簡潔に記載する。必ずしも時系列に沿って記載する必要はなく、議題ごとに構造化して書くのが通常だ。

議事録の公開範囲を理解し、経営情報や人事情報等、特に機密性の高い情報については記載の可否をレビュー時に確認すると良い。

議事録は原則としてドラフトは当日中に社内に展開すること。

当日が難しい場合は翌日の午前を締切りの目安としたい。この目安が守れないのであれば他の作業との優先度を調整するか、既にタスクが溢れている可能性が高いので、タスクシェアを上司と相談すると良い。

2023/4/3 業務システム開発進捗定例会議

■開催日時　2023/4/3
■場所　三田オフィス　第 3 会議室
■出席者　〇〇ホールディングス　佐藤部長　伊藤係長　井本リーダー
□□コンサルティング　田中　斉藤

- 出席者はクライアント➡自社で役職順で記述する

■会議資料

- 業務システム開発進捗定例資料本紙 v1.00
- 別紙 1　課題一覧

■決定事項

- 次期プロジェクト予算概算報告を 5/8 週を目処に行う
- 購買業務の業務フローレビューは伊藤係長が行う

- 決定事項は簡潔に記載

■ToDo

- 発注データのサンプルを Box フォルダへ格納する（担当：井本リーダー　期限：4/4）
- 本会議における指摘事項を反映した業務フローの修正版を Box フォルダへ格納する（担当：斉藤　期限 4/6）

- ToDo は誰がいつまでに何をするのか必ず書く
- 担当と期限が明確でない場合は、仮置きで書いて、他の出席者に確認してもらう等で必ず決める

■議事

- プロジェクトの全体進捗状況について
  - 「業務システム開発進捗定例資料本紙 v1.00」に沿って説明。（田中）
  - 新システム導入は購買部のみで決めることができないため、製造部門や経理部門を含めた合意形成をしていく必要がある。どのように進める想定か伺いたい。（佐藤部長）
  - 部門横断の会議体を設定したい。CFO の前野様に別途調整をお願いしているため、初回日時が決まり次第お伝えする。（田中）
  - 承知した。（佐藤部長）
- 次世代購買業務のフロー確定について

- 必ず「箇条書き」機能を使う
- スペースキーではなく Tab キーを使う。スペースキーを使っての間隔調整は厳禁
喋ったままのことを記載するのではなく、端的に記述する
- 必ずしも実際の会議の時系列である必要はなく、議題ごとに構造化して書く

図2　議事録の例

第2章

「ピカソの絵を買う人は値段を見て買わない」

――品質に説得力を持たせる

「自分の視力、見え方、スコープの性質を覚えろ。徹底的に覚えて、気象、地域差、心理状態がどのように影響するかを、全て覚えろ。そうすれば間違えなくなる」

――逢坂冬馬『同志少女よ、敵を撃て』

神は細部に宿る

ヤマウチの資料に対するこだわりは当時の私からすると異常とも言えるものだった。彼の作るスライドのオブジェクトの間隔は必ず0・2ミリ幅で指定され、縦横に並んだオブジェクトは0・01ミリのズレもなかった。そしてヤマウチは私の作る資料についても細部にいたるまで同様の品質を求めた。ヘッダー、フッターの位置や色使いにも意味を求めた。

一貫性のない色使いやフォントの揺れが少しでもあれば、漏れなく赤入れの対象となった。100ページ近くある紙の資料をパラパラとめくりながら「これだけなんでフォントが違うの?」「このオブジェクトだけなんか左にずれてるね。なんで?」「この数字、たぶん変だよ。データちょっと確認して」と、数ページおきにコメントを入れていくのである。

ヤマウチの細部へのこだわりは日常生活にまで染み込んでいた。終業後、二人で居酒屋で飲酒をする際も、〈炒め物、煮物、揚げ物、季節のおすすめ〉と横並びに記載されたメニューに対して、「こういう表記の仕方を見た時に違和感を持つようになってほしい。この場合、全部語尾を〝物〟で揃えてほしい」と話していた。

書いたメールのドラフトは送信までの間に5回以上差し戻されていたし、議事録にいたっては紙から1メートルほど離れてから見れば赤い紙なのではないか?　と思えるほど赤ペンでコメントが入っていた。

私の書いた原稿はもはや原形をとどめていなかったが、ヤマウチは決して自分の手でデータを修正することはせず、プリントアウトした紙に赤ペンでコメントを残し、私自身に修正させた。印刷したA4の用紙の余白に入り切らないコメントは付箋に拡張され、赤いたんぽぽの花のクラフトワークのようになっていた。

修正を反映してはまた真っ赤な原稿を受け取り、それを反映することの繰り返し。一つの議事録を書き上げるのに、通常は会議と同程度の時間で書き上げることが理想とされているはずなのに、リライトに6時間以上もの時間を要していた。

その頃から、仕事以外のことに時間を使うことが辛くなっていった。1週間が終わる頃には脳がヘトヘトに疲れ、休日は寝ているだけで終わってしまった。大学の同級生と続けていたバンドの練習やライブ活動に休日の時間を割くことが徐々に苦痛になり、バンド活動は停止した。仕事をしているか、寝ているかの毎日の中、同じ悩みを共有できるのは会社の同期だけだった。

クライアントのオフィスが山手線の東側にあっても西側にあってもアクセスが容易で、かつ本社のある六本木まで南北線で一本の目黒駅に住む同期が多かった。金曜深夜、どうしてもアルコールで洗い流したいことがあれば、権之助坂の居酒屋に同期で集まってはビールを煽《あお》った。

4月から9月の間のどこかの月初で入社月を選ぶことができる少し風変わりな制度の中で、迷わず9月入社を選んだ我が同期たちは、とにかく「楽をして成り上がる」ことばかり考える奴もいれば、心身を削る労働に見切りをつけてシンガーソングライターへ転身した奴もいた。それぞれの悩みや野望を大量のアルコールで意識を混濁させながら話す時間は無性に楽しかった。

慶應大学を卒業し、漫画『ONE PIECE』とフットサルをこよなく愛す同期の竹田は、毎週末のように同期たちを合コンに誘った。躊躇《ちゅうちょ》する同期たちを、ONE PIECEの名シーンさながら両手を天に突き上げ「うるせェ!!! いこう!!!!(どんっ)!!」と引き摺り出す竹田の強引さは、ある種のカリスマ性を感じさせた。

基本的に知らない人間が苦手な私は竹田の誘いに辟易《へきえき》していたが、昼間オフィスで顔を合わせることのない同期たちと、ただひたすら飲んで騒ぐ金曜の深夜だけが、仕事の海で溺れそうになる私の唯一の息抜きの時間だった。稼いだ残業代は酒に変わり、貯金は一向に貯まることはなかった。

品質あってこその速さ

前章でコンサルタントのアイデンティティは、「速さ」であることを述べた。しかし、高速で価値のない資料を量産しても意味がない。速さは正確性や品質とセットでなければならず、両者は決してトレードオフの関係ではない。

速度と品質の両立が難しいことは、他の誰でもなく私が一番よく知る所である。もともと私は、控えめにいってもミスが多い人間だった。

生まれつきの大雑把《おおざっぱ》な性格が災いし、データの集計をやれば合計値を間違えたし、両面印刷の資料の奇数ページのみを印刷して会議に持参し、クライアントに指摘されはじめて気づいたこともある。Excelシートの印刷時に、設定を誤り1列ごとに印刷し、「再印刷は紙が勿体無い」という謎のサステナブル思考を発揮し、そのままヤマウチに提出して叱責されたこともあった。

私と同様、ケアレスミスが多いタイプであれば、アナリスト時代のうちに、ミスの多い自分との付き合い方を学んでおこう。

コンサルタントのみならず、社会には実に様々な品質に関する不文律が存在している。〝Excelのファイルを保存する時は、A1を選択した状態でファイルを閉じる〟というようなMicrosoft製品を扱う上での暗黙のマナーにはじまり、メールや資料の表記の揺れや誤字脱字について毎日のように指摘を受け、当時の私は心底うんざりしていた。

そんな私にある日、同じプロジェクトを担当していた赤城という大先輩が言った。

「僕たちの会社はクライアントに控えめに言ってもかなり高い報酬をお支払いいただいている、いわば高級商材だ。値段で他社と比較されてしまえば勝ち目はない。僕たちは値段の勝負の土俵に乗った瞬間に負けてしまう。

僕たちはピカソの絵にならないといけない。ピカソの絵を買う人は値段を見て買ったりし

ない。ピカソの絵だから買うんだよね」

と品質の重要性を諭してくれた。

例えば、コンサルティング会社の書いた資料に誤字があったとする。あるいは会議をはじめる時に、資料の投影でモタモタしたりする。これではせっかくの記念日に1年がかりで予約したレストランで、椅子に汚れがあったり、店員のマナーが悪かったりするのと同様にクライアントの期待を裏切ることになってしまう。

ただ空腹を満たすためだけに入ったチェーンの牛丼屋で店員の態度が悪かった、というレベルの話では済まないのだ。悪い評判はすぐに拡散されていく。コンサルティング業務における小さな品質問題は、会社全体のブランドに影響を及ぼす重大な瑕疵《かし》になり得るものだ。

この品質に対する意識は、単に資料の体裁のみに関わる話ではない。「我々はコンサルタントである」という強いブランド意識を社員一人ひとりが持つことが、あらゆる仕事の場面で細部まで感覚を研ぎ澄まし、プラスαの創意工夫が生まれる土壌ともなるのだ。

品質担保の手順を必ず持つ

そもそもミスをする人はなぜミスをしてしまうのだろうか？　自戒を込めて私なりに辿り

#	チェック観点	チェック項目	実施済フラグ
1	スライドマスター	スライドマスターの中に不要な情報（他プロジェクトのフォーマット等）がないことを確認した	✓
2	ヘッダー	作成日の日付が最新化されていることを確認した	✓
3	フッター	すべてのスライドのページ数が入っていることを確認した	✓
4	用語	別添の正誤表に従って用語が統一されていることを確認した	
5	数字	記載されている数値がインプット資料と齟齬がないことを確認した	
6		記載されている数値の計算・合計値に誤りがないことを確認した	
7	レビュープロセス	他チームのリーダーに内容の確認と承認を得た	
8	プロパティ	プロパティの作成者に他プロジェクトのメンバーの名前がないことを確認した	

図3　ケアレスミス・チェックリスト

着いた結論は、セルフチェックは形式的にしているものの、その確認作業が主観的すぎるということであった。

ミスの多い人間は、決まって「自分は一所懸命確認しました」と言う。実際、頑張ってセルフチェックはしているのである。しかし、それは漫然とやっているに過ぎず、ある一つのチェックによってどのようなミスを減らしたいのかという目的意識が希薄なのだ。

「何のミスを減らしたいのか」という目的から、どうしたら減らせるのかの具体的な方法・手順を考え、それを自動的・機械的に適用することが品質担保には必要になる。我々はパンやお惣菜を作っているわけではないのだから、「気持ちを込めて丁寧に作りました」といった〝お気持ち〟は不要だ。

機械的に自動的なチェックを必ずかけ、機械判別できない点については人の目で、こういう観点で整合性のチェックをかけています、と客観的に説明できてこそ作業の品質に迫力を持たせられる。具体的に見ていこう。

「サーバー」と「サーバ」が一つの文書に混在している等は、わかりやすい例だ。同じ意味の言葉が複数の表記でなされている場合、読み手はその表記の違いが何らかの意味を持つものかと考えてしまう。このような「表記揺れ」を回避するためには、正誤表を作り文書を閉じる前に一括検索を使って表記のチェックを行うと良い。どの表記を正とするかについては、原則としてクライアント側が提供した資料や仕様書等の言葉遣いに準じる。

また、「指摘したことが直っていない」といった事態を回避するためには、クライアントから言われたことをすべて一つのコメント表にまとめ、それぞれの指摘に対してどの箇所にどう対応したのかのトレースが可能になる中間資料を手元に持っておくと良い。現時点のアウトプットをどのように作成したのかについて、思考の整理にもなる。

多くの人が閲覧する資料については、複数の人から同じ箇所に違った指摘がなされ、どちらの意見を正とすべきか等のコンフリクト（ぶつかり合い）が発生する場合がある。そうしたケースでは、コメントを採用しない側に対し、その経緯を説明する必要がある。せっかく書いたコメントが成果物に反映されていないと、モチベーションが失われ、不信感へとつながっていくことがままあるからだ。

また頻出のケアレスミスを回避するためには、ミスしやすい項目を一覧化し、作業の終了前に必ずそのリストに基づいてセルフチェックしよう。Excelの資料であれば例えば、

・ページ設定をプレビュー形式で確認したか？
・不要な作業シートが含まれていないことを確認したか？
・PowerPoint側の資料に記載されている数と一致していることを確認したか？

等の具体的なアクション単位で指差し確認をするのが効果的だ。

ストーリー性のある資料を作る

資料の品質は、もちろん体裁面に閉じた話ではなく、本質は資料に記載されている内容、すなわちコンテンツにある。多くのコンサルタントが上司にレビューを求める際に最も恐れている言葉は**「で？（So What?）」**と言われることだ。

「で？」の中には、この資料ってどう使えば良いの？　どういう気持ちでこの資料を読めば良いの？　というニュアンスが含まれていると考えよう。

コンサルティング会社で10年以上勤めていると、資料のタイトルやメールの件名を見ただ

けで、「この資料の中身は期待しているものと違うな」と予感することがよくあり、たいていその勘は当たる。ファイルを開いて「で？」という感想を抱く資料の多くは、そのファイル名のタイトルが的を射ておらず、メールの本文を読んでもその資料をどう読めばいいのかのガイドが何も示されていないことが多いからだ。

すべての資料には目的がある。その資料がなんのために書かれたもので、その資料によって誰に何を言ってもらいたいのか、というストーリー性が必要だ。そして上司へのレビュー依頼は、その目的を達するために必要な情報がこの資料に過不足なく記載されているかどうかの判断をしてもらうプロセスだと考えると良いだろう。

ストーリー性を持った資料を作るためには、以下の手順をおすすめしたい。

1 読み手は誰か？　クライアント、社内の人など、どういう立場の人か、どこまで現状を理解している人かを考える。

2 一度深呼吸をして、読み手の人格を自分自身に宿してみる。この時、読み手の人格がうまく想像できないなら、読み手に対しての研究が不足している。この場合、周囲にヒアリングして、相手の過去や今必要としている課題を把握するのが望ましい。

3 読み手が資料の内容をどこまで知っているのかを想像してみる。プロジェクトの検討内

	製品A	製品B	製品C	製品D
価格	200,000円	100,000円	700,000円	500,000円
導入しやすさ	現行システムに近いUI ハードル低い	周辺システムの改修が必須	周辺システムの変更不要であり容易	周辺システムの変更不要であり容易
運用のしやすさ	業務で親和性の高い機能を提供している	現行よりも作業手順が増える	現行よりも作業手順が増える	業務で親和性の高い機能を提供している

図4　オプションごとの比較の記載例

容を一切知らない人なのか、ある程度の内容を理解しているのかによって提示の仕方はかなり異なる。わからない場合は、一切知らない前提で記載する。

4

読み手にその資料を見てどういうリアクションをしてほしいのかを考える。何について「OK」と言ってほしいのか、あるいは「いくら」であれば予算を出せるのか、「どの」オプションが最適だと判断してもらいたいのかを想像しながら作成する。

5

期待するリアクションを導くのに必要な情報が記載されているかどうかを考える。例えばある議題に対してOKと言ってほしいのであれば、読み手が承認した場合に何が起こるのか、リスクも含めてきちんと記載する。どのオプションが最適なのかを判断してもらうのであれば、各オプションの長所と短所、推し案とその理由を記載する。

宿題が先、宿題以上の価値を持たせる

報告や資料を出す「順番」についても注意を払いたい。どんなに内容の良い資料を準備したとしても、出す順番を間違えるとそもそも見てもらうことすらできないことがある。仕事の品質とは内容だけでなく、**カードを切る順序性**を含んだ話と考えよう。

具体的な例をいうと、上司やクライアントから何かしらの宿題をもらっている時、他に連絡事項や報告事項があっても、宿題に関する状況報告から先に行う必要がある。

というのも、上司もクライアントも自分が直近に話した内容にかなり思考を引きずられる傾向があるため、まず宿題の現況についての共有がないと、自分のオーダーが軽視されているのではないか、という不信感を抱かせてしまう。

もし宿題が終わっていなければ、「先日オーダーいただいている例の件なのですが、今こういう方向性で対応しておりまして、いつまでに完了する予定です。本日はちょっと別件のお話をさせていただけないでしょうか？」といったコミュニケーションをとる必要があるだろ

う。

もっと言うと、宿題は終わらせるだけではあまり意味がない。それは期待に応えたことにはなるが、期待以上の働きではないからだ。コンサルタントとして絶えず意識しておきたいことは、**〝常に少しだけ期待値を上回る〟**ということだ。宿題を終わらせた上で、さらに一つ、オーダーした側が喜ぶことを追加で添えておくと、やっぱり一味違うな……と思わせることができる。

例えば国内の競合会社の動向を調べる宿題をもらったとする。その場合は競合の動向を調べた上で、参考に2つほど国外の先進事例についても添えてみる。あるいは上司が毎週行っているデータの集計作業をかわりにやる宿題が与えられたら、その集計作業を次週から自動でできるように仕組み化してみる。

かつてコンサルティング会社には新入社員の椅子を背後から蹴飛ばし「バリュー（付加価値）出てる?」と聞いてまわる妖怪のようなシニアマネージャーが存在した。現代社会においては流石《さすが》にこのような妖怪は絶滅危惧種だが、付加価値のない仕事をすることはコンサルタントとしての存在価値を問われることとなってしまう。

そうしたプラスαの何かがバリューとなり、私たちの仕事を高級商材の域へと昇華させるのだ。

「ロジ力」を身につける

さて、アナリストと呼ばれる仕事の品質はどこで評価されているのか、という話をしておきたい。

コンサルティング会社が請け負う仕事は非常に多岐にわたるが、プロジェクトの関係者が多ければ多いほど、関係者間の〝調整業務〟と呼ばれる仕事量が多くなっていく。調整業務はいわば「誰にでもできる仕事」と一般的には軽視されるが、この「誰にでもできる仕事」ができないと「彼女・彼はロジ（ロジスティックス）すらできない」ということになり、アナリストとしての評価に致命的な傷がつく。

ロジスティックスは元々戦場における「兵站《へいたん》」を表す言葉であり、前線の兵士が必要とする各種武器や食料、医療機器の補給を滞りなく行うための作戦行為を示すものだ。ビジネス一般では、原材料の調達から販売にいたるまでの物流や管理システムを指す。この生命線とも言える補給路が断たれれば、戦力は大きく減じてしまうだろう。

コンサルタントの日々の仕事におけるロジスティックスとは、**「仕事に必要なものが、必要な量だけ遅滞なく、当たり前に存在する状態」を作っておく雑務**である。ボールの来る場所を先読みして「いい感じにやっておく能力」が求められる。

その仕事自体にクライアントへの提供価値はないが、ロジが円滑でない会社は当たり前のことができない。本質的な価値を提供する以前にクライアントの心象を損ねてしまい、極めて不利な状況に追い込まれるのだ。

例えばＺｏｏｍ会議がはじまる瞬間に資料の投影にまごついてしまい、10分ほど浪費してしまった会議を経験したことはないだろうか。あるいは、せっかく作った資料が、いざクライアント先の会議室に行ったら、投影するスクリーンが存在せず、ノートパソコンの小さな画面をみんなで覗き込むような事態に陥ったことはないだろうか。一度そうなってしまうと、その後、どんなに言葉を尽くして説明をしたところで、何となくイケてない印象は拭えないだろう。

円滑なロジの実現は現場に最も近いアナリストの使命であり、そして力の見せ所でもあることを忘れてはならない。

出席者が着席すると同時にスムーズに立ち上がる会議。まるで新品のApple製品の滑らかな立ち上がりのようなストレスのなさをクライアントに見せつけるのである。では具体的な場面で見ていこう。

会議調整は舞台演出のように細心の注意を払う

会議とは一つの舞台でありライブであり、そして会議調整とはその舞台を最高のものとするための一連の舞台演出だと私は考えている。

繰り返しになるが、コンサルタントは一般的に月単価Ｘ００万円相当の超高級商材だ。１ヶ月コンサルタントを雇うお金でクライアントは新車が買える。超高級商材たる我々は雑務であっても一流でなければならない。雑務の中にも洗練されたストーリー性を持たせたい。

たかが会議調整と侮《あなど》るなかれ。これはプロジェクトの全体スケジュール、マイルストーンを意識し、どのタイミングで、誰が、何についてどこまで合意する必要があるのかを逆算しなければできない高度なストーリー性を求められる調整業務だ。

シリアスな演出にすべき会議なのか、関係者同士のリレーションシップを高めるためにカジュアルに演出すべきなのか、会議の目的の数だけ、会議の演出も存在して良い。ここをどのようにアレンジするかは設定することを任された人間の特権なので、存分に頭を使い工夫したいところだ。

まず、会議調整はスピードが命だ。タスクが発生した後、可能であれば１時間以内に最優先で実行すること。なぜなら、マネージャー以上の役職者のスケジュールは30分単位で更新されており、1分の調整の遅れが結果として1週間のプロジェクト遅延へと波及するリスクがあるからだ。

会議調整の仕方はプロジェクトに応じて様々であるが、社内であれば概《おおむ》ねOutlook等のメールソフトのスケジューラを見て必須出席者の空き時間にとりあえず予定を組んでしまうのが速い。いちいちメールで全員に予定のお伺いをしていたら返事を刈り取るのに1週間近くかかってしまうためだ。また、社内会議の場合は、原則として30分で設定する。60分の会議はリモートワークが中心となっている昨今、ダラッとした印象になりがちだ。話すことを事前に明確にしていれば、大半の会議は30分で終わらせることができる。

クライアントを巻き込んでの会議は、クライアントの必須出席者の空き枠の候補をいくつか頂戴し、その中で社内の人間の予定をつける方法が最速となる。社内の人間の予定が既に埋まってしまっている場合であっても、クライアントとの会議であれば調整をつけることが多いためだ。会議調整を頼まれた場合、そのタイミングで以下をすぐ確認しよう。

・必須出席者、任意出席者
・何を決めるのか（アジェンダ）
・会議時間

・場所（プロジェクタ、マイクは必要か）
・投影資料を誰が準備するのか、そのレビュー者、レビュータイミングはいつなのか？

これが曖昧《あいまい》な会議は必ず失敗する。だいたい会議の調整は不明瞭な文言で雑に依頼されることが多く、5Ｗ1Ｈが曖昧になりがちだ。これは会議調整に限った話ではないが、何か仕事を頼まれた場合、その仕事を確実に終わらせるための情報は依頼者に多少めんどくさがられても必ず刈り取るようにしよう。

会議のインビテーション（招待）に含まれる送信先の中で、会議が設定された背景を理解していないと思われる人がいる場合は、会議の主題と、なぜその人が呼ばれているのかを明記しておきたい。宛先の人間から「これ何の会議？」と聞かれたら案内の出し方が良くない証左である。

会議場所は特にリアルで開催の場合、注意が必要になる。クライアント会議の場合、会社対会社でオフィシャルにやりたいのか、相手に構えさせたくない雑談に近い形式でやりたいのかで、確保する場所は当然変わる。

前者の場合は机を挟み、公式さを演出する。この会議における決定事項は会社対会社の合意であり、重みがあることをクライアントにも感じ取ってもらい、集中してもらうためだ。

後者の場合、逆にカジュアルに話せるようなクライアントサイドのオープンスペースなどを利用し、机を挟まず隣に座り、同じ画面を見ながら話すなど、なるべく気軽さを演出するほうが良い。

この辺りの判断は今、自社とクライアント企業がどのような関係にあり、次の一手としてどのような会議を設定すべきなのかがわかっていないと失敗してしまう、繊細な作業だ。

意外と見落としがちなポイントが、会議室の椅子だ。出席者と比べて十分な数が確保できているか事前にチェックしておこう。足りない場合は他の場所から借りる段取りをつけておこう。10名以上が出席する会議の場合、そもそもビル内でそのような場所は限られるので、事前に予約をしておくか、複数会場からリモートでつなぐ等の対応が必要になるケースもある。会議日程が決まった段階ですぐに場所を押さえよう。

会議場所がいつもと異なる場合は、その旨を入念に出席者に対して周知する必要があることも忘れてはいけない。皆いちいち会議の招待状の詳細など見ていない。いざ時間になってから重要な出席者が別ロケーションにいた、なんてことにならないように、事前リマインドを徹底しよう。

また、投影資料が複数ある場合、どのタイミングで何を投影すべきなのかを事前に確認し、可能であれば会議場所は事前に見た上で、端末の規格とプロジェクタの規格が合っているか

#	チェックのタイミング	チェック項目	実施済フラグ
1		必須出席者・任意出席者が明確になっている（なってなかったら確認する）	✓
2	会議設定時	会議室が必要であるか、オンラインで問題ないかが明確になっている	✓
3		アジェンダと会議の時間が明確になっている	✓
4		会議室を予約した	
5		会議室の椅子の数が十分にあることを確認した	
6		プロジェクタの投影方法を確認した。投影用のPCと規格が合い、実際に投影できることを確認した	
7	会議前日まで	マイクが必要な場合、マイクの接続方法を確認し、使用できることを確認した	
8		会議室使用時のチェックイン方法を確認した	
9		投影資料の全量・最新版について、スピーカーに確認した	
10		紙で配布する必要のある資料の有無を確認した	

図5　会議前日までのチェックリスト

（変換アダプタが必要なのか）、大きな会場の場合はマイクの使用方法や、画面の切り替え方法などの操作の確認を行おう。資料が映せないといったロジ周りのトラブルはクライアントの心象を損ね、会議の中身以前の問題として〝イケてないスタッフ〟として烙印を押されることになりかねない。

　昨今はほとんどが会議を電子ファイルの投影で行うようになってきている。もし資料の印刷が必要な場合は、印刷時間を考慮しよう。製本を含めてかなり時間がかかる場合があるため、事前に印刷の要否、印刷のための締切りは確認しておく必要がある。どんなに一所懸命に作った資料もクライアントの前に出せなければ無意味な産物だ。私自身、印刷時間の考慮が甘かったために、泣く泣く配布を断念した資料は1枚や2枚ではない。

No Surprisesを徹底しよう

一連の徹底したロジ設計は、すべて関係者にネガティブなサプライズを与えることを回避するための動きと言える。すべてつつがなく、予定通りに、自動的に進行されている状態が美しいロジスティックスのあり方だ。

プロジェクトでクライアントと重要な合意を行うような会議においては、特にNo Surprisesを徹底したい。重要な会議のシーンを想像してみてほしい。

例えば、3ヶ月頑張ったプロジェクトの最終報告のような場面だ。仮に、今後1年間におけるクライアントの営業業務のやり方を抜本的に見直す案をクライアントの役員に対して説明する場面だったとしよう。通常このような会議は、営業業務の責任者であるクライアントの役員と営業部長、そして私たちのカウンターパートとなって一緒にプロジェクトを進めてきてくれた業務統括部門やIT統括部門といった関係者が一堂に集まり行われる。

クライアントの役員が事前にこの会議が「プロジェクトの最終報告」という情報を頭に入れている場合、既に現場レベルでの議論はおおむね決着しており、その結論が聞けるものと思って出席してくるのが通常だ。

そのような場において、万が一、提出するプランに営業部長が知らない情報が含まれていたり、意にそぐわないものが入っていた場合、これはもう最終報告どころではない。

「君たち3ヶ月、一体何を話してたの?」となってしまっては大問題なのだ。**我々が話す内容のすべては、クライアントの役員以外の関係者全員に対して、事前にインプットしておく**ことがNo Surprisesのためには理想的だ。

この事前調整は非常に手間と根気が必要になるのだが、失敗できない会議であればこそできる限り情報共有の根回しは済ませてから挑むようにしよう。

スピードスキル集　その2

Excel篇

コンサルタントとしてキャリアを歩みはじめたからにはMicrosoft製品の操作に関しては一流を目指したい。八百屋さんならば野菜についてよく知っているだろう、というように、特定の職種には社会からの暗黙の期待がある。Excel作業の遅いコンサルタントなんて、その時点で〝期待はずれ〟だ。

コンサルタントになれば1日中何らかの形でExcelを触ることになる。避けては通れない道なので、スピードアップのスキルを習得してしまった方が毎日の仕事も加速するし、精神衛生にも良い。

Excelを個人的な作業用途ではなく、クライアントに対するアウトプットとして作成する資料は以下のようなものが想定される。

・各種一覧
・簡易なコストシミュレーション・人月工数の算出見積り

・ワークスケジュール
・課題管理簿・リスク管理・ToDo管理等のリスト
・抜け漏れ確認のチェックリスト

Excelは簡易なコストシミュレーションを行う場合は非常に有効なツールだ。例えば、とあるプロジェクトにおいて必要な人月コストを弾く際に、マネージャー、コンサルタント、アナリストの人数と参画率を変動値として幾つかのオプションを出すことができる。あるいは、一人当たりの単価によって、プロジェクト全体のコストはどの程度変動するのかを即座にシミュレーションできる。

また〝抜け漏れ〟がどの程度発生しているのかを数値化して管理する場合も強力な武器になる。一例を挙げると、全従業員のうち、現在のトレーニング受講者は何人かを即時に把握したい場合、従業員一覧とトレーニング受講者一覧の二つの情報をExcelで突合して集計することが可能だ。このような複数の情報・データの突合作業も、Excelの得意とするところだ。

ワークスケジュールや課題の管理簿は昨今、JiraやAsanaといったチケット管理システムにおいて運用されることが多くなってきているが、クライアント企業によってはそれらのサービスのライセンスを有していない、あるいは社外の人間に対してライセンスを付与するセキュリティ面のハードルが高いという事情のために、Excelで運用する必要が生じるケースも多い。Excelを用いてスケジュールや課題・リスク管理を行うメリットとしては、現状想定している作業やプロジェクトが抱えている課題を一つのファイルで、一覧で示せる点にある。

このように多岐にわたって業務上必須のツールなので、以下のスピードアップスキルをすぐ習得することをおすすめする。

1 ショートカットはつべこべ言わずに覚える

Excelを使用する時にマウスの利用をやめよう。多い日であれば1日中Excelとの格闘が生じるコンサルタントにとって、ショートカットを覚えているのとそうでないのとでは1日の中でも数時間の作業スピードの差になり得る。

例えば何かしらのシートに入力されている情報を全選択してみよう。たったこれだけの1作業であっても、キーボードとマウスだと5秒程度要してしまうだろう。100の手順をマウスを使って行えば、500秒が必要になる。一方、ショートカットは1つの作業についておよそ1秒で済む。塵も積もれば、削減できる時間は山となっていく。

2　基本的な関数とピボットテーブルをマスターする

Excel使いの初級者と中級者を分けるものは何だろうか。この点については、「関数を使った簡易なデータの操作」「ピボットテーブルが利用できる状態」をExcel中級者として定義したい。**すべてのコンサルタントはExcel中級者以上の操作能力を業務で求められる。**

・複数の作業シート間を跨《また》いでデータをVLOOKUP等の関数を用いて紐付けることができる
・数千行のデータから特定の条件に該当するデータを抽出し、個数や合計値をCOUNTIFやSUMIF関数等を用いて算出することができる
・数千行のデータをピボットテーブル機能を用いて分析し、データの傾向から示唆を出すことができる
・分析した結果をグラフを用いて可視化し、説明ができる

こうした作業はコンサルタントとして最低限のスキルだ。これらができれば、例えばクライアントから受領した請求書データ一覧のうち、発注書にて記載されていた金額以上の請求がなされているものはどれなのか、それはどの部署の発注に多いのか、どの部品に多いのかといった簡易な分析をExcel上ですぐ行うことができる。アナリストとしてこのような分析作業は頻繁に発生する。

なお、Excelのスキル向上のために参考書を買う必要はない。いま業務に必要なやり方を

その都度Google検索し習得するほうが実践的なスキルとなる。普段の業務で使う操作はそれほど多くないため、参考書でExcelの機能を網羅しようとすると挫折リスクもあるため、適宜参照するくらいにしておくと良いだろう。

3　共有を前提としたマナー

昨今は特にBoxやSharePoint等のクラウド上の共有フォルダを介して多くの人が同じExcelファイルを閲覧・編集することがある。共有が前提のファイルは、他の人の作業効率を落とさないような配慮が求められる。

まずそもそも自分が記載する内容がExcelを用いて記載するべき内容であるかどうかを考えたい。Excelはあくまで、表計算ソフトだ。前述したクライアントへのアウトプットや簡易なデータの分析等の作業用ワークシートとして利用することが多く、そのままプレゼンテーションや文章の記述で利用することは少ない。箇条書きの機能にも制約があり、議事録、議事メモ等に関しても一つのセルの中に大量のテキストを入力するような運用になってしまうため、文章をしっかりと読ませたい用途では、WordやPowerPointを使い分けよう。

自分以外の誰かが自分が作成したExcelを閲覧・編集する場合、**必ずExcelそのもののメンテナンス性と可読性を担保**したい。Excelは非常に多くのことが実現できてしまう最高の

#	Excel最低限ルール
1	セル結合をしない（フィルター機能や列ごとの集計機能が使えなくなってしまう）
2	重すぎる関数を埋め込まない （ファイルが重くなる上に、後からメンテナンスする人が関数の内容を理解しづらい）
3	シート名もしっかりと明記し、不要なシートを残さない
4	ファイル保存の時はA1を指定し、表示倍率を100%の状態としておく
5	ヘッダーはヘッダー行であることがわかるように中央寄せし、色を他行と変える
6	罫線は点線、縦線は実線で引く（罫線を実線で引くと線の存在感が強すぎて五月蝿い印象になる）
7	行や列の非表示は使わず、グループ化機能を用いる
8	リストを作る場合、最左列は項番とし、ROW関数を利用する
9	1つのセルには1つの情報のみを入力する

図6　Excelの不文律

ツールだが、作業用途に応じて、データを更新する際のルールはメンバー間で決めておこう。

例えば、数千行を超えるデータについて複数の人間でメンテナンスを行うような場合、新規にプロジェクトに参画する人が多いとルール通りに運用がなされず、データが破壊され、信憑性に疑いがもたれる、といった事故を招きかねない。こうなると誰がどの変更を行ったのかの履歴の追跡は困難で、入力されたデータが本当に正しいかどうかもわからなくなり関係者は混乱に陥ってしまう（更新頻度と更新を行う関係者が多いデータについては、SaaSサービスを利用したり、データベースへの移行を検討したりするのが良い）。

図6にExcelを扱う上での最低限のルール

を示したが、特に＃1は中途採用でコンサルティング会社に入社したスタッフがやりがちな罠だ。セル結合を行うとExcelの長所である計算・集計が機能しなくなってしまうリスクがあるため、禁じ手であることを覚えておこう。

第 章

「自分の限界を会社の限界にするな」

――会社の〈集合知〉を徹底活用する

「覚悟」とは!!
暗闇の荒野に!!
進むべき道を切り開く事だッ!

――荒木飛呂彦『ジョジョの奇妙な冒険 第5部』

大阪出張の陣

ヤマウチと働いている頃、家に帰ることができたのは午前0時を回ってからだった。せっかくそれなりの給料をもらえるのだから……と奮発して借りた下目黒の家には平日ほとんどいることはなく、ただシャワーを浴び、わずかな時間寝るだけの日々が続いた。

クライアント定例会がある毎週水曜日の前日は必ず徹夜になっていた。どう段取っても避けられないため、ある時から対策として火曜日は快適に徹夜ができるようにスウェットパンツと洗顔料を持参し、会社の椅子を4つ並べて仮眠する技を身につけた。

「徹夜対策を考えてきた」という私の言葉を聞き、何かしら段取り面の改善を予想していたヤマウチは、より快適に徹夜する方法を考えてきた私に呆れているようだった。

たまたま電車で家に帰ることができた時はその日が終わるのが惜しく、アニメ『けいおん!』の動画を見て涙を流し、酒を飲んだ。殺伐とした仕事ばかりの中で、京都アニメーションの作る『けいおん!』の世界だけが、ひと時の潤いを与えてくれた。

入社翌年の初夏、大阪への出張が決まった。初の出張、初の大阪オフィス――。

新幹線に乗って約束の場所を訪問すると、会議室の机の上に男の体が横たわっていた。オフィスに霊安室があるのか?……と驚いたが、幸いにして死体ではなかったようだ。私たちに気づいた男は机から起き上がって「この提案の責任者である明石だ」と名乗り、プロジェクトの背景の説明をはじめた。

元々は議員秘書だった異色の経歴を持つ明石は、田中角栄を思わせる豪快な喋り方とリーダーシップで周囲を引っ張るコンサルタントだった。理屈を重ねてロジカルに仕事をリードする多くのコンサルタントとは異なり、クライアントへの〝寝技〟とも呼ばれる地道で粘り強いコミュニケーションにより、多くの仕事の種を会社にもたらしてきた大ベテランだ。

出張は、ある自治体に対しての業務システム改善の提案書を作成する短期プロジェクトだった。明石は「他のプロジェクトメンバーを紹介する」と言って、東京から来た私たちを隣の執務室へと誘導した。

紹介されたメンバーは、明石に負けず劣らずの猛者《もさ》揃いだった。

提案のコンテンツ執筆を実質的に担うのは川島というマネージャーだった。5月上旬であるにもかかわらず、ピンクのワイシャツは第三ボタンまで外れており、野獣のような迫力を帯びていた。川島はヤマウチの新入社員研修の担当トレーナーだったという。トレーナー期間中の川島は午後から出勤し、15時頃にはヤマウチにその日チームで飲みに行く居酒屋を探させたような型破りなキャラクターだ。

メンバーには、元社員の川島の妻がアルバイトとして加わっていた。彼女は、川島が新入社員だった時の上司で、かつてシニアマネージャーにまで上り詰めた実力と覇気に一切の衰えはなかった。あるスタッフが深夜に川島宛に送付した資料に対して、パートタイム雇用の彼女が「あなたたちの資料にはまだ誰かがレビューしてくれると思っている甘えを感じる」と一斉返信し、全員が凍りついたという伝説がある。

川島の右腕を務める松島は、灘高から京大というエリート街道を一直線で駆け抜けてきたスーパーコンサルタントだ。あらゆる無理難題を涼しい顔のまま処理していく松島はその年代のコンサルタントの中でもエースと称されていた。その他にも背丈が190センチを超えるシニアマネージャーや、ラップスターのザ・ノトーリアス・B.I.G.を思わせるような巨漢で構成されたチームは、夜の北新地の街を歩けば人が避けていくほどの迫力を帯びていた。千葉の片田舎で生まれ育ち、大学から上京した私にとって、大阪という土地はもはや外国であり、川島と松島の話す大阪弁のスピードと強烈なイントネーションに圧倒された。

はじめての大阪でやる気だけは溢れていたが、配属2日で私のすべての作業品質に問題があることを川島夫妻とエースの松島は見破っていた。私が開いたファイルのインデント（字下げ）の体裁がことごとく壊れていたために、ルールブレイカーの称号を得た。提案書のプリントアウトさえもその作業手順を信じてもらうことができず、最終的に川島の妻に背後から監視された状態で印刷作業を行うという屈辱的な時間を過ごすことになった。

あまりにもミスが多くて、大阪ネイティブの「なんでやねん!!」を全身に浴びる日々——任せてもらえる作業を失い、やることがなくなった私はひたすら仕事後の飲み会の場所を探し続け、予約時間になっても先輩たちの仕事が終わらないため、30分単位で店に謝罪して、時間を遅らせてもらうことに心血を注いだ。

大阪まで来たのに、依然として私がやれることはただのバイトだった。なぜか一番働いていないのに飲まねばプライドと自我を保てないので酒を煽り、翌日先輩たちが働きはじめている中、寝坊した。しかし、遅刻した私の存在が問題になることはなかった。それほどまでに、いる意味がなかったからだ。

チームの目的であった提案書が完成した夜、東京へと帰る新幹線で宇多田ヒカルの「Beautiful World」を聴きながら、自分の不甲斐なさに泣いた。

東京に戻ってからも、大量に降ってくる仕事を必死に終わらせ、酒を飲み、寝る日々。社会人が大変とは聞いていたが、まさかこれほどとは……と呆然としているうちに季節はめぐっていった。

ある冬の日、池袋の国道で

ある冬の日、上司のヤマウチが高熱を出し、1週間の病欠をとらざるを得なくなった。当時の私はすべての仕事をヤマウチに相談しながら進めていたために、彼のいない1週間は前例のないプレッシャーを伴う時間になった。

当時ヤマウチと私は、プロジェクトの最も難しい課題の方向性をどのようにクライアントに提案するべきかを悩んでいた。残されたプロジェクト期間は少なく、その仕事以外のやるべき仕事も大量に積み残っている状況の中、私一人でその課題をクライアントの満足行く形で集結させることは実質不可能だった。

私は思い悩んだ末、クライアントに現在の状況を説明し、この課題を今回のプロジェクトの検討から外すことの承認をもらうことができた。ヤマウチと私が体力の限界まで働く姿を見てくれていたからなのか、クライアントは「そこまで無理されなくて大丈夫です。また来年やりましょう」と言ってくれたのである。

そのクライアントの言葉を聞いて、私は心底安心した。はじめて自分で悩んで決めて出した答えによって、仕事が一つ前に進んだと感じ、純粋に嬉しかった。何より病床に伏すヤマウチにさらなる無理をさせなくてすむのは、大きな収穫であった。

私は会議の後、すぐにヤマウチに電話でその結果を伝えた。しかしヤマウチの反応は想像とはまったく異なるものだった。

「いや、それ逃げてるだけだよ。全然ダメ。全然ダメだよ。なんでそうなるんだよ」

最初は私が言っていることを正しくヤマウチが聞き取れていないのだろうと思った。しかし、ヤマウチは正確に状況を理解した上で、これまでにない怒り方をしていた。

「俺たちが限界だとか、俺が体調不良とか、そんなのお客さんになんの関係もないでしょ。なんでそれでやることが減ると思ってるの？　いいわけないだろ。今すぐさっきのなかったことにしてくれって言ってきて」

自分の1週間の努力をすべて否定されたような気がしてショックを受けた。

「無理して倒れるくらいなら最初から引き受けなければいいじゃないですか」と反論し、そのまま電話を切った。職場に来られず、電話すらつながらないような状況を招いた人間にいったいなんの許可をもらえというのか。そう反発しながらも、頭の中ではヤマウチの言っていることの正しさを冷静に理解しているもう一人の自分がいた。

作業をしながら、涙が止まらなくなっていた。号泣する私の向かいの席には中井手というマネージャーが座っていた。論理的思考、技術的素養、体力、まさしく走攻守揃ったプロジェクトのエースマネージャーの中井手は、見かねて私をベランダに連れ出してくれた。

中井手は「自分で考えて決めたことなんだから、誰になんて言われても否定しちゃダメだよ。あと、プロなんだから人前で泣かない。もうこんな当たり前のこと二度と言わないね。あとは自分で立ち直って。俺たちはプロだから」そう言って、自分の仕事に戻っていった。

その夜、中井手は私と後輩を赤坂のバーに連れていってくれた。エースの中井手には無類の酒好きという一つの顔があった。私はウイスキーを煽るように飲んだ。ただでさえ寝不足の頭に数時間前に起きたヤマウチとの一件で、アルコールがぐるぐると体を巡っているのがわかった。

気づくとなぜか池袋の国道の中央分離帯で寝ていた。冬のツンとした空気の中、目覚めた私が最初に目にしたのは、国道の向こうから鮮やかに昇ってくる冬の朝日だった。あまりの美しさに、直感的に自分はもう死んだのだと思った。だが履歴を見ると、中井手とヤマウチからそれぞれ数十件の着信がきており、どうやらまだ生きているらしいということがわかった。

時刻は早朝6時。酒を飲み、国道のど真ん中で寝てみると、もはやすべてがどうでも良くなり、ヤマウチに自分の非を認める留守電を残しながら、家にたどり着くためのタクシーを探した。無論、中央分離帯で吐瀉物《としゃぶつ》まみれになっている人間を乗せるタクシーはなかった。

頑張り方を間違えない

さて、仕事を頑張るべきかどうか？　と問われたら、多くの人が疑いなくＹＥＳと答えるのではないだろうか。私だってそう思う。１日の３分の１以上の時間を費やす仕事だ。せっかくやるなら頑張りたいし、誰かの役に立ちたいと願う。

しかしここで一つ冷静に考えてみたい。そもそも仕事を頑張るとはどういうことなのだろうか。大量の仕事を徹夜でがむしゃらにやることだろうか。確かに時に無理をしなければいけないこともあるだろう。しかし、恒常的に睡眠不足が続いていて休日を寝つぶし、ましてや酒に溺れて国道の中央分離帯で目覚めるような状態は、どう考えても持続可能な状態ではない。対クライアント同様、自分自身の健康維持にもコミットしてはじめて〝仕事は頑張れる〟のである。

クライアントはなにもコンサルタント個人に対して体を壊してまで働くことを求めている訳ではない。納期通りに、予算通りに、品質の良い提案をコンサルティング会社から受け取ることができれば良いのであり、〝僕が徹夜で頑張った〟資料がほしいわけではない。

逆にいうと、**どんなに一所懸命にやった仕事であっても、納期・予算・品質の３つが期待値に合わないのであれば、クライアントにとってその仕事は不十分なもの**でしかない。自分自身の限界を勝手に会社の限界にしてしまうことは、クライアントのみならず自分を含めた関係者全員を不幸にしてしまう、裏切り行為なのだ。

では、会社としてクライアントに価値提供するための「正しい頑張り方とは何か」を具体的に考えていきたい。

既に答えがある問題を自分で解いてはいけない

コンサルティング会社に対して支援を依頼するクライアントは、世界あるいは日本有数の大企業であることが多い。少々乱暴な言い方をすると、現代の大企業における経営アジェンダやDX（デジタルトランスフォーメーション）の文脈において今後実施しなければいけない課題は自ずから似通ってくるものだ。

例えば大人数の営業部隊を抱えている会社であれば、どのようにして営業効率を高めるか、が問題になる。大人数のコールセンターを抱えている会社であれば、コールセンターの生産性（一人当たりが処理できる問合せ数）と顧客満足度をどのように高めるかが問題になる。そしてそのような問題に対して、ビジネスの世界で一般的にどのようなソリューションを行うべきか、王道とも言える施策が存在する。

患者の症状や検査の結果を見て、医師によって処方する内容が大きく異なることがないように、クライアント企業の特定の課題に対してコンサルティング会社が打ち出す施策も王道とされるものが確かに存在する。もちろんクライアント企業の個別の事情に応じて処方内容にチューニングは必要だが、それは王道を踏まえた上での細やかな調整となる。これを知らずして、顧客の課題の一つひとつに、自分の頭でゼロから解決策を考え出そうとすると、時間はいくらあっても足りなくなってしまう。

仕事のスピードをあげるために、**各分野の「王道」を語れる人間が、社内のどこにいるのかを把握し、必要な時に瞬時にコンタクトできるようにしておこう。**そんな社内有識者に力を借りることは仕事の品質とスピードをあげるために必須の手段だ。

クライアントの**どこに病状（課題）があるのかを初期診断**するためのチェック項目、それを踏まえた上での**論点の設定**、それに対してどのような解決策が有効となり得るのかの**仮説出し**といったプロジェクトの骨になる議論は社内有識者を含めて短期集中的に行い、ここに時間を必要以上に費やすべきではない。

例えば管理会計ならAさん、人事労務に関することならBさん、データ統合基盤ならCさん、ゼロトラストセキュリティといえばDさん、といった形で、テーマ別に誰を議論に入れれば〝会社としての答え〟に最短ルートで辿り着けるかを事前に整理しておこう。

有識者が社内のどこにいるのかは、社内勉強会であったり、先輩たちとの雑談であったり、会社の広報活動等で先進事例として紹介されている記事を誰が書いているのかを意識することで比較的簡単にわかることなので、普段から意識して情報収集をしておきたい。

社内有識者の力を借りることは、決してサボっているということではない。クライアントのために自分自身の脳を限界まで使うことは大事な姿勢だが、求められているのはあくまでも〝コンサルティング会社〟としてのベストソリューションであり、一社員個人のベストではないのだ。

クライアントはスペシャリストでもなんでもない新卒が一所懸命に考えた提案なんて求め

ていない。王道の施策さえよくわかっていない人間が考えたアイデアは、なんの問題解決にもならないのだ。プロジェクトのテーマに応じて、社内有識者の頭脳をフルに活用し、学びと経験知を積み重ねれば良い。誰をどの議論にどのように巻き込めばクライアントに会社全体として最も貢献することができるのか、という発想が大事なのである。

有識者ヒアリングの時間の効果を最大化しよう

社内の有識者の居場所を探しあてたら、その機会は最大限活かしたい。この時、若手社員がやりがちなミスとして、ヒアリングの目的意識を持たずにとりあえず漫然と有識者に話を聞きに行ってしまう、というケースだ。

実は、現在進行中のこのプロジェクトで困っていまして、お話を聞かせていただけないでしょうか？　といった漠然とした依頼をしてしまうと、思っていた情報を聞き出せないだけでなく、有識者の心象を損ねてその後の協力を得ることが難しくなってしまう危機的状況を招くこともある。

社内であったとしても最低限のマナーとして、**広く公開されている基本的な事例に関する情報等は自分自身で調べてから、ヒアリングに臨む**ようにしよう。自分で何も勉強してこない相手にレクチャーするのはどんな人間であっても気乗りがしないものだ。

有識者ヒアリングのコツは、最初からアウトプットを意識した聞き方をしにいくことだ。

具体例で示そう。

クライアントが「自社のサービスを利用してくれている人との接点をどのようにすれば良いのか困っている。他社はどのようなCRM（顧客関係管理）の仕組みを導入しているのか知りたい」という漠然とした悩みを抱えているとしよう。この時、このオーダーをそのまま社内の有識者に対して横流し（スルーパスと呼ばれる）してはいけない。聞かれた有識者もなんの目的で何を話せば良いのかがまるでわからないからだ。

この事例の場合、ヒアリングの前に以下の要素をクリアにしておきたい。

1 クライアントはそもそもなぜその情報を知りたいのか？　顧客からサービスに対するクレームが多発しているのか、それともサービスの売上を上げるために、既に社のサービスを知ってくれている顧客に対してクロスセル（別の商品もセットで売ること）・アップセル（上位モデルを売ること）の提案ができるようになりたいのか。

2 その情報はクライアント先でどのような使われ方をするのか？　どの会議で使われるものので、スピーカーは誰で、その人はその会議でどのように喋りたいのかを確認する。

3　どのような事例であれば1と2の要件を満たす事例になるのかを、以下のように具体的に文書化する。

ヒアリングの背景：国内のソフトウェアを販売しているクライアントにおいて、売上を上げるために既存の顧客に対して、クロスセル・アップセルを行いたいが、現在は顧客データの管理が一元的になされておらず、誰がなんの商品を利用してくれているのかを会社として把握できているとは言い難い。

欲しい事例：国内において、同様に顧客のデータが社内の各部署に点在してしまっている状態から、そのデータを統合し、クロスセル・アップセルを実現して売上を向上させたようなCRM高度化の事例があれば伺いたい。

このくらいの精度の情報があれば、いわゆる社内の有識者も、なるほどではこれとこの事例を紹介しましょうか、というように、話すべき内容の〝あたり〟が的確につく。

頭脳は〝差の分析〟にこそ使おう

社内有識者の頭脳を余すところなく使うことができ、王道となるアプローチを概ね理解できた時、そこではじめて自分の脳みそをしっかりと使うタイミングがやってくる。個別のチューニング――つまり**王道だけではクライアントが抱えている問題を解決できないかもしれない領域の見極めにこそ頭脳をフル活用したい。**

社内の有識者を含めた議論では、一般的な事例に照らして、このクライアントもこういうことが問題になるだろう、という点が話される。これは有識者が広く業界を見ているが故にそうなる。ここに一味加えるのは、実際に日々クライアントと顔を合わせて現場を理解している人間の仕事になる。

コンサルタントとして働いていると、クライアントから「ベストソリューション的な事例を持ってきてほしい」と依頼されることは少なくないだろう。この際、そうした事例は社内有識者にアプローチして情報収集をすれば良いのだが、集めた事例をそのまま提出するだけでは、コンサルタントとしての価値が発揮できない。

いわゆるベストソリューションとは広く世の中で使われている最適解であり、それをそのまま自分のクライアントの事業に当て込むだけでは、うまくいかない可能性も高いからだ。

どのような会社であっても、購買、財務会計、固定資産管理といった企業の金の流れに関する業務は、業者選定、反社チェック、稟議《りんぎ》、発注、検品等の似通った業務の集合で構成され、一般化できる部分が多いとされている（ＳＡＰといった高額なＥＲＰパッケージがあらゆる業

**在庫管理業務に課題を感じている
小売業界のクライアントがいたとして、
初回の会議にどんなことを言えば良いだろうか？**

	仕事の進め方	考えること
STEP 1 一般論を固める	社内の有識者にヒアリングしながらまとめる（自分だけで考えない）	● 小売業界のSCMのトレンド ● よくある問題点として何があるのか？ ● どんなソリューションが流行しているのか？
STEP 2 例外を考える	自分で頭を使って仮説を作り、プロジェクト内でよく議論	● 一般論に当てはまらないクライアントが独自に抱えている問題は何か？ ● それはどう解決できるか？

図7　差の分析に頭を使う

界に実装されているのはそういった理由からだ）。それであっても、例えばスーパーマーケットの発注とアパレルや硝子メーカーの発注が同じようにできるのか、といえばそうではない。

扱う商材が違えば取引先のカルチャーは異なるし、発注してから実際に商品が手元に届くまでの納期のリードタイムや納品の場所も異なるだろう。業界特有の慣習・法規則への対応など、王道のソリューションでは対応できない〝何か〟は常に必ず存在するものであり、それが具体的に何なのかを見極め、一般論に対してどのような影響を与え得るのかを考えることこそ、現場のコンサルタントの役割である。

例えば小売業界のクライアントに対して、サプライチェーンマネジメント（SCM）のあるべき業務を提案するシーンがあったとする。ここで、会社が有する古今東西の小売業界のサプライチェーンマネジメントの**ベストプラクティス事例をそのまま束ねてクライアントに渡しても、バリュー（付加価値）がない**のである。広大な土地を持つ欧米におけるスーパーマーケットのマネジメントと国土の狭い日本の事情は当然異なるし、購買パターンや週末の過ごし方も異なる。さらに言うと、クライアントの顧客がクライアントに対して求めるものも違う。

同じ日本であったとしても、消費者の生活様式やパターンが異なる都内のスーパーマーケットと地方都市のスーパーマーケットを同一の枠組みで捉えることはできず、議論を単純化してベストプラクティスに当て込もうとすれば当然失敗するし、それ以前にクライアントの心を打つ提案とならないであろう。

クライアントの事業形態を鑑《かんが》みると最も参考となるのはこの事例だが、こうアレンジをすることがベストなのではないか？　といった仮説を持って思考することが大切だ。一つひとつの事例の特徴を理解した上で、クライアントにとって何が使える部分で何が使えないのかを見極めてはじめて、事例は事例としての価値を持つ。

スピードスキル集　その3

PowerPoint篇

PowerPointはよく使う型を叩き込もう

コンサルタントといえば美しきスライド、とイメージする人も多いだろう。しかし、我々はデザイナーではないのだから、クライアントに言いたいことが過不足なく伝わる資料が、より少ない時間で書き上げられることに価値がある。

短時間で的確なスライドを書き上げるためには、日々のプロジェクトでよく使用するいくつかの型を体に叩き込んでおく必要がある。多いのは以下のケースだろう。

・会議アジェンダ
・現状と今後の対比
・事実（データ）と評価と対策
・事実の時系列の整理
・オプションごとの比較

・向こう3年間のロードマップ
・ざっくりスケジュール
・業務フロー

まずPowerPointを開く時は、本当にその資料作成は必要なのかを考えたい。現時点の現場のクライアントの温度感を非公式に把握するなど、チャットや立ち話でクライアントに「うん」と言ってもらえばすむ話ではないのか？　書くにしても1スライド、あるいはWord等の活字レベルの情報で議論できるような内容ではないのか？

そのどちらにも該当しないなら、以下のコツを踏まえて取り掛かろう。

1　最初に最低限のメッセージで起承転結を書く

まず必要最低限のメッセージだけを活字で書く。まだこのタイミングでは図やグラフは作成してはいけない。例えば、読み手のクライアントからなんらかの合意や承認を取り付けたい場合は、以下のような資料構成になる場合が多い。

打合せの背景と目的：この打合せが開かれた理由。この会議によって決めることが、読み手にとってどのような意味（メリット・デメリット等）があるのかを概要で示す。

現状の整理：クライアントを含めて、我々が直面している状況を、客観的な事実と共に正確に記す。ここに個人的な思いを書いてはいけない。クライアントに関連する重要な部分についてはハイライト表示をして、読みやすく工夫する。

現状についての評価：前述の現状への、客観的な評価を示す。何がどの程度の問題なのかを定量的に示せるようデータを用意すると良い。一般的な事例との比較も有効だ。

対応案：今起きている問題点について、どうすれば良いのかを示す。この際、一つの対応策だけ示すと他の方法はないのか？　という話になってしまうため、なんでも良いので3案くらいは記す。その中で本命の案の合理性を説いて着地できるとスマートだ。

今後の段取り・やってほしいことの説明：今後どのようにプロジェクトが進んでいくのかの段取りと、クライアントに何かしらのアクションをしてもらう必要があるのであれば、いつまでに何をしてほしいのかのスケジュールを明示する。

2　スライドの見栄えを良くしよう

事実関係を見せるためのデータについては、わかりやすく正確に理解してもらうために図表を使う工夫をすると良い（作成は上限2時間を目処に）。

以下、磨き込みの際に気をつけるポイントを示す。

・ネガティブなことであっても、可能な限りポジティブな書き方をしよう（「〇〇がない」ではなく、「〇〇をいつまでに実装することが、〇〇のために重要、必要」といった書き方が推奨される）。

・色を多用するのはやめよう。色が多いとどこを見れば良いのかがわからなくなってしまう。基本的には2色にとどめ、白黒印刷でも伝わる資料を目指す。

・スライドマスターを使用し、ヘッダーの位置やページ表記の位置はスライドを通して統一。

・オブジェクトの中で箇条書きにする際は、箇条書きの機能を用いること。

・図表貼り付けを行う場合、貼り付けるファイル形式によっては容量が大きくなってしまうため、原則として拡張メタファイルでの貼り付けとし、貼り付け元の材料は提案資料とは別ファイルで材料として管理しておくこと。

・スライドの色についてはクライアントやプロジェクトのテーマカラーが存在している場合があるため、作成する前に事前に規定やフォーマットの有無を確認しておくこと。

何よりも大切なことは、**最終的な品質担保を行うのは自分である**という自覚を持ち、アップデート箇所を確認するとともに、最初と最後で言っていることに矛盾はないか、各ページの数字のインプットにずれはないか、用語の揺れ、フォント、体裁、使っている色にばらつきはないか、リファレンスは壊れていないか、他プロジェクトの用語が残ってしまっていないか等の細やかなチェックを行う。確認点をリスト化しておくと良い。

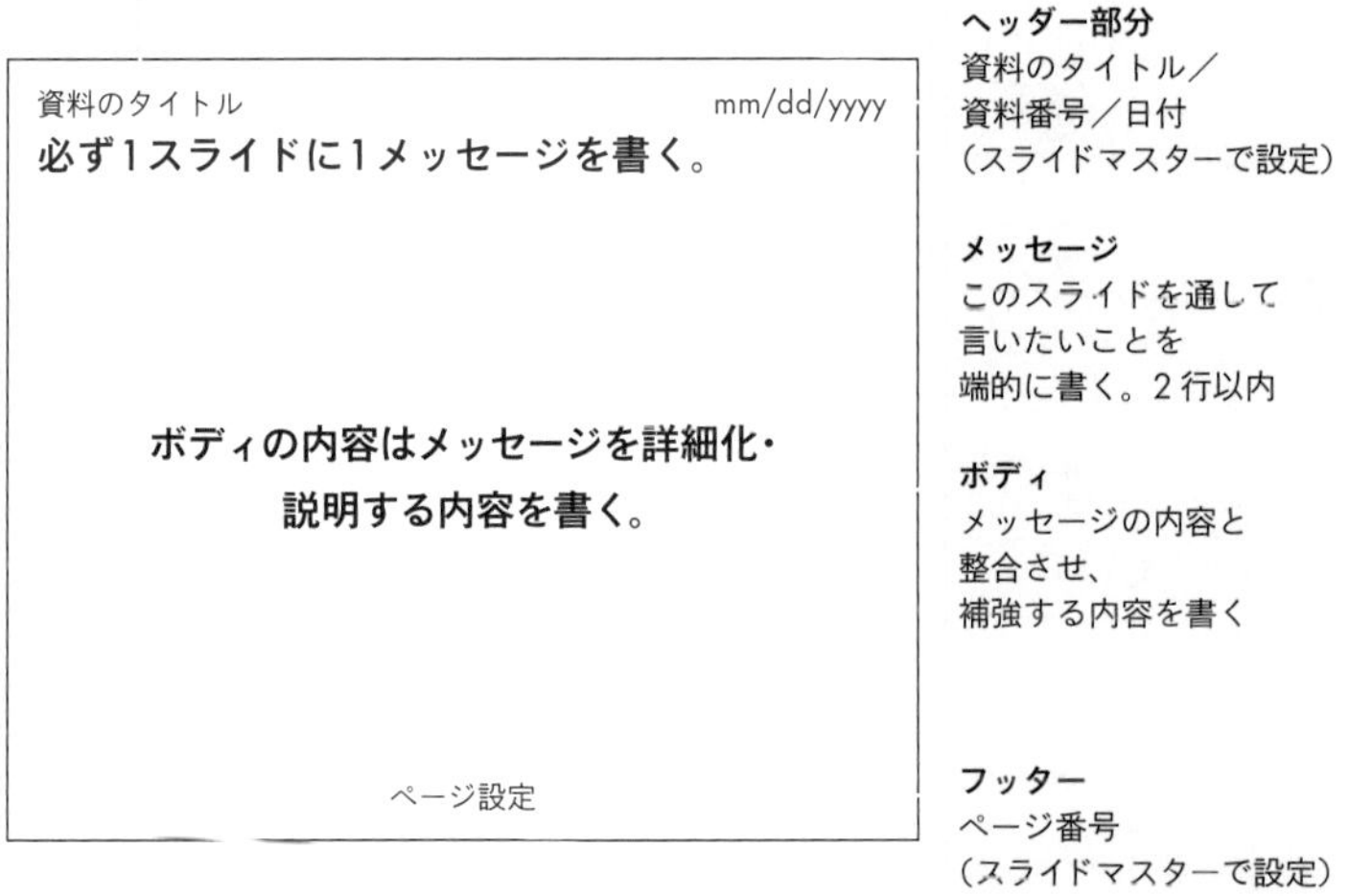
資料のタイトル
mm/dd/yyyy
必ず1スライドに1メッセージを書く。
ボディの内容はメッセージを詳細化・
説明する内容を書く。
ページ設定
ヘッダー部分
資料のタイトル／
資料番号／日付
（スライドマスターで設定）
メッセージ
このスライドを通して
言いたいことを
端的に書く。2行以内
ボディ
メッセージの内容と
整合させ、
補強する内容を書く
フッター
ページ番号
（スライドマスターで設定）

図8　基本的なスライドの構成

進捗報告資料について

週次進捗定例、月次進捗定例等の名のついた会議で現状報告を行うために使われる資料で、通常はプロジェクトで使われている所定のフォーマットがある。

この目的は、プロジェクト進行上の課題の有無とその影響の度合い、その対応方針を示すことだ。構成は概ね、サマリ、全体スケジュールにおける現状（稲妻線）、各領域別の詳細報告（遅延の度合い、規模、課題、リスクの有無の報告）、ToDo確認となる。進捗報告は退屈な資料になりがちだが、資料の中でサビとなるポイントを意識して書くことが重要だ。

例えば直近の設計工程完了にあたり、この領域に大きな遅延リスクがある。しかし、これはこういう方針をもってして、良い感じに落ち着く予定であるが、何かご意見はあるか、というようなハイライトシーンを2、3つくっておくと全体的に締まりのある報告となる。

また進捗報告資料は、各領域の進捗をクライアントのPM（プロジェクトマネージャー）レベルに報告するのが常であるため、必ず会議前にクライアントの各領域担当と合意しておくこと。進捗会議で一番恐ろしいのは、「コンサルティング会社が勝手に書いた」と各領域担当に梯子を外されることだ。

進捗は定量的に示す必要があるが、これがなかなか難しい。3日かけて作業したら50％、その倍の時間をかければ100％の進捗になる、といった簡単なものではないからだ。

とはいえ、進捗は明確に根拠を持って書かれていないといけない。進捗とは極論、オンスケか遅延かの二択であり、これが記載されていない進捗報告はどんなにページを重ねてもただの〝お気持ちの表明〟でしかない。遅延の場合、何日分の遅延であるかを明示し、それはなぜ発生していて、今後どうするつもりなのかを簡潔に示す。

課題、リスク、ToDoについては、それぞれの性質をしっかりと理解し、書き分けよう。

ざっくり言えば、既に発生してしまった問題（As IsとTo Beの差分）が課題、今後起こるとプロジェクトの進捗・品質・予算に致命的な影響を及ぼしかねない不確定事項をリスク、期日までにやらないといけないことがToDoだ。リスクが顕在化すれば課題になり、課題に対

オンスケ／2人日以内の遅延／3人日以上の遅延

第4回　進捗定例会　メン獄チーム領域						
進捗概況	（曇り）	●2日ほどの遅延 ●○月○日にいただいた要件を踏まえた追加設計を実施する必要あり ●完成しているアウトプットより順次ご確認をいただきつつ、当初予定に間に合わせる				
	#	概要	対応方針	担当	期限	ステータス
課題	1	●全要求をシステムに実装すると当初予算を500万円超過する	●業務的優先度の低い機能をスコープから外す ●○/○に候補を提案予定	A社	12/21	対応中
課題	2	●旧バージョンのOSで一部機能の動作が不安定になる事象がある	●OS最新化を進めるための影響調査を行う	B社	12/7	新規
リスク	1	●対向先となる次期会計システムの開発が遅れ、IFテストが開始できないリスクがある	●会計システムの開発状況を注視しつつ横断定例会を開催する	B社	12/14	新規

図9　進捗報告資料例

	定義	例
課題	●To Be（あるべき）とAs Is（現状）の乖離	●開発したアプリケーションが技術的な相性で本番のOS上で動かない
リスク	●まだ起こるかわからないけれど、起こるとプロジェクトの予算・進捗・品質に大きな影響を与えるもの	●政府調査会の動向によっては現在の設計方針を大幅に変更する必要が出てくる
ToDo	●期日までにやらないといけないこと	●プログラム修正を4日までに終わらせる

図10　課題、リスク、ToDoの違い

するアクションはToDoへと落ちる。

課題は、どんな課題がなぜ起きてしまったのか、どうすれば良いのかを明記する。会議に出席しなかったクライアント上層部が課題管理簿のみを見ることがあるため、なるべく背景や影響を含めてここは詳細に記載する方が良い。

リスクは、発生したらプロジェクトが詰みになるレベルの影響があり、比較的高い確率で起こり得るものをピックアップして記載し、クライアントとの議論のたたき台とする。

ToDoは、クライアントに動いてもらうべきことを明確に期限を提示して会議の中で渡し切る必要がある。クライアントがやるべきことを依頼するのに遠慮はいらない。

第　章

「3ヶ月後に何を言えば成功なのか？」

——コンサルタントの型＝「論点思考」「仮説思考」

「心は技術で補える。技術が足りないからだ」
心が弱いのは、
落合が求めたのは日によって浮き沈みする感情的なプレーではなく、闘志や気迫という曖昧なものでもなく、いつどんな状況でも揺るがない技術だった。心を理由に、その追求から逃げることを許さなかった。
——鈴木忠平『嫌われた監督　落合博満は中日をどう変えたのか』

陸上自衛隊出身の上司から叩き込まれたこと

稀にコンサルティング会社には本物の軍隊からやってきた海外出身の社員も働いている。友人に話すといつも驚かれるのであるが、思えばコンサルティング会社に求められる仕事への強いコミットメントと長時間労働に耐え得る体力を兼ね備える軍人は、まさにこの業界にうってつけの人材なのだ。大統領の元ボディガードという異色の経歴の同僚もいた。軍隊で灼熱のアスファルトの上で腕立て伏せを気を失うまでやらされた経験に比べたら、徹夜で資料と向き合うことなどさほど辛いことではない、という異次元のタフネスを彼らは兼ね備えていた。

われらが日本人シニアマネージャーの藤木さんは、陸上自衛隊出身だった。自衛隊時代から無線通信を専門としていた彼は、その後ネットワーク会社や他のコンサルティング会社にキャリアを転じ、この会社へとやってきたのだ。ネットワーク領域に対する深い造詣と自衛隊で鍛え抜かれた責任感は、同年代のシニアマネージャーの中でも異彩を放っていた。思考が研ぎ澄まされている時間を社会への最大の価値貢献と考える彼は、飲酒を嫌った。

名実ともにプロジェクトのエースである藤木さんの下には毎日多くの相談が寄せられたが、彼の口癖は「論点はなんなんだ?」「仮説はあるのか?」だった。多くの相談者たちは、藤木さんに「正しい問いを立てられていない状態で話すことは何もない」と言われ、追い返されるのだった。

近寄り難い空気を纏《まと》うシニアマネージャーであったが、心優しい一面があり、ある日私がクライアントと協力会社から糾弾され、四面楚歌の状態になっている会議に、どこからか私のピンチを聞きつけた藤木さんが颯爽と現れ、すべての議題の整理をしてくれたことがあった。

「論点の設定が悪いから会議が紛糾するし、出席者が自由に発言する場になってしまっている。アジェンダがソリッドじゃない。もっと研ぎ澄ませ」と藤木さんから愛のある激励を受けた。

日々の忙しさに溺れ、社会人になってから定期的に本を読むことができなくなっていた私だが、藤木さんのレビューを突破するために、日々の読書で視野を広げ、「正しい問いを立て、仮説を持ってレビューに挑む」必要性を痛感した。

毎日深夜まで仕事をした後に眠い目を擦《こす》りながら読書をすることは大変な作業であったが、この時期に学んだ「論点思考」と「仮説思考」という2つの考えは、自分のその後の仕事の進め方の基礎になっていった。

「論点思考」で今フォーカスする問題を決めよう

仕事がいつまでも終わらないチームの特徴として、闇雲に仕事を進めている、という共通項がある。100あるやるべきことを1から100まで総当たりでやる仕事のスタイルだ。一体どこまでをいつまでにやれば「仕事が終わった」ことになるのか明確なイメージがないまま仕事をするために、とにかく朝から晩まで総力戦で仕事をすることになる。これではいくら時間と体力があっても終わらない。

先に述べた通り、コンサルタントの仕事はクライアントとともにプロジェクトという特定の単位で行う。そしてすべてのプロジェクトには、そのプロジェクトで本当に解決すべき問題、つまり論点が存在する。その論点を意識せずに仕事を行うと、自分たちのみならず、クライアントも含めて大きな迷路へと足を踏み入れることとなるため、コンサルタントの基本姿勢とも言える論点思考は早いうちに身につけておきたいところだ。

論点思考とは「本当に今、私たちが解くべき問題は何か？」をストイックに追求する姿勢と言える。

わかりやすい例で考えてみよう。例えば、クライアントがある日人事領域に課題があるので相談したいと持ちかけてきてくれたとしよう。それをそのまま上司に伝達すると何が起こるだろうか？　おそらく、「お客さんは人事の何を解決したいの？」と言われてしまい、クライアントにもう一度ヒアリングをかけることになるだろう。

少し立ち止まって考えればわかることだが、ひとくちに「人事」といっても3ヶ年の採用計画をどのように立てるべきなのか、既存の社員の評価をどのように設計すべきなのか、ロイヤリティ（忠誠心）をどう維持すべきなのか、あるいは2ヶ月後に始まる新卒採用の面接会場をどこにすべきなのか等、無数の問題が存在しており、その中のどれについて話すかによって会議までに準備する資料もデータも異なってくる。

本来であれば「人事について相談したい」と言われた時、「人事のどの辺りの問題を解決したいのですか？」と一歩踏み込んだ切り返しをすることができていれば、次の会議で焦点を当てるべきテーマが見えてきていたはずだ。

実はクライアントにおいても、今自分が何を解決すべきなのか、どの問題にフォーカスすべきなのかを理解しながらコンサルタントに依頼をしていることは少ない。

例えば「今御社イチオシのマーケティングオートメーションのツールってどれがありますか？　今度上司に報告が必要で……」という相談がきた場合を想像してみよう。お題をそのまま持ち帰ったとしたら何が起こるだろうか。数日かけて社内のマーケティング領域の有識者からおすすめのツールを聞き出しスライドにまとめ、それをクライアントの上司にレポートしたにもかかわらず、「すみません、そもそもツールを入れるべきかどうかすら結論が出ていないのですが……」という残念な返事をもらってしまった、という事象は実際に頻繁に起こるのだ。

解くべき問題をクリアカットに整理し、間違ったところに労力をさかないようにする思考が是が非でも必要なのだ。

診断のプロジェクトと治療のプロジェクトは異なる

コンサルティング会社の仕事の単位であるプロジェクトには、**スコープと呼ばれる役務の範囲**がある。スコープとはつまり、このプロジェクトを通して解決するべき論点だ。

コンサルタントの仕事には、抽象度の高い「企画・設計」というフェーズの仕事が含まれる。このようなプロジェクトは完成の要件が明確なシステム開発の仕事よりも、何をもってプロジェクトを完了とするのか、つまり自分たちがどの問題を解決することで仕事を終えたと言えるのかをイメージしづらいために、チームともども迷子になるリスクが高い。

そもそも自分がやっている仕事は、クライアント内に潜む病理を診断する**「課題特定」のプロジェクト（＝診断）**であるのか、既に課題についてはある程度の目処がついており、それに対して**具体的な「施策」を検討するプロジェクト（＝治療）**なのかを正しく理解しておく必要がある。

課題特定のプロジェクトとは、わかりやすい例を挙げるならクライアント企業の売上が目標に到達しない原因はなぜか、を特定するためのプロジェクトだ。このような場合は、後述する仮説思考を有効に用いつつ、エビデンスを揃え、次の施策（治療法）の示唆を出すことが

WHY	なぜやるのか？	●売上の伸びが目標に達していない。新規顧客セグメントを開拓する
ゴール	何ができたら成功？	●20－30代女性の新規会員を2万人獲得する
仮説	どうすればできるのか？	●SNS施策の強化。特にInstagramやTikTokによるPRからの流入強化はテコ入れの余地がある
アプローチ	進め方は？	●仮説の詳細化→検証→振り返りを1回まわしてみる
作業一覧	誰が何をする？	●KGI、KPI の設計、施策・役割の具体化、ツール選定、テスト……etc.

図11　プロジェクトの提案段階で最低限決めておきたいこと

スコープとなるだろう。

一方、施策検討のプロジェクトの場合は、示唆されている施策を具体化し、施策を実行することがゴールになるだろう。その手段は業務手順の見直し、システム導入、人事制度の変革等、様々なソリューションが用いられ、提案実行できる選択肢の幅が広ければ広いほどそのコンサルティング会社の懐の深さを見せることができると言える。

このように、プロジェクトという期限と予算が限られた単位で具体的に効果がはっきりと見える成果をあげるためには、カウンターパートとなっているクライアントも含めて「今、私たちが本当に解決しなければいけない問題は何なのか？」について共通認識を持つことが重要だ。上図の要素を迷った時に立ち戻る指標として、クライアントと予め合意しておきたい。

みんなで迷子にならないための論点チェック項目

迷子になることを回避するために、自分たちが解決すべく取り組んでいる論点が本当に正しいのかどうかを最低限、以下の観点でチェックすると良いだろう。

1 答えが出る問いかどうか

時間が無限にあれば良いのであるが、ビジネスには納期と予算がある。答えのない問題を悶々と考えるのは時間と金の無駄であるため、してはいけない。

現代の法令や企業倫理そのものが正しいものであるかどうかであったり、資本主義そのものが善であるか悪であるか、といったことについては様々な意見や立場はあるであろうが、それについて議論をしてもコンサルタントの仕事は前に進まないだろう（クライアントの経営層を通して関係省庁に対してどのような意見を提出すべきか、というプロジェクトはあるかもしれないが……）。

もはや個人の政治信条であったり嗜好の領域になっている場合は、限りあるプロジェクトの予算を使うのではなく、当事者同士の居酒屋談義として存分にやればいいだけだ。

また、既に議論が終わっている決定事項について蒸し返して議論をすることもNGだ。クライアントの経営レベルで新規事業をやることが決まっている以上、ターゲットセグメントをどこに定めるかを考える場において、新規事業にチャレンジすることの是非を論じてはいけない。まずはやってみなければ現時点で答えがわからないというものについて、意見があるのであれば、一度全力で取り組んだ上で、検証の場で議論するようにしよう。

2 誰が何を得ることができるのかは明確か

会議の途中で、上司が「ごめん、これ結局なんで話してるんだっけ？」と〝そもそも論〟に立ち戻ってしまい、最悪の雰囲気になってしまうことがある。これはこの問題を解くことで、「誰が、何を、どの程度得るのか？」の目的意識がないままに話が進み、迷走してしまっているケースだ。

例えば、新商品の仕入れ先を安価なA社とするのか、古くからお付き合いのあるB社とするのか、はたまた値段は高いが高級なC社とするのかを協議する際、この論点が解決することで、誰が何を得るのかの共通認識が持てていないと、議論は水掛論へと突入する。新規事業開発部がこれまでの商品とは一線を画す新ブランドとしての協業相手を探している場合と、購買部が昨今のインフレーションによる原価高騰に対応するための仕入れ対策として協業相手を探している場合とでは、議論すべき方向性が大きく異なるからだ。

今解こうとしている論点の上段にある大論点がなんなのかを「ちなみに、これってなんで知りたいのでしたっけ？」と切り返しながら明らかにし、クライアントが抱えている問題の全体像を明らかにする姿勢が重要だ。

3 解決可能な単位になっているか

来月からはじまるプロジェクトをどう進めるべきか？　という大雑把な論点の設定の仕方では、何を議論すべきなのかがわからなくなってしまう。扱う問題の範囲があまりにも大きいためだ。1時間会話したあげく、「一致団結して頑張ろう！」というような精神論的結論に陥らないために、より具体的に議論できるレベルに分解して会議を進行したい。

プロジェクトを終わらせるためには、何を達成できれば良いのか、そのためにはどんなタスクが発生するのか、各タスクは誰がやるのか、いつまでにやるのか、どこで、どのようにやっていくのか、といった具合だ。

クライアントと会話をする時においてもしばしば、「新規店舗の展開をどう進めよう……」といったあまりにも大きな単位の問題を相談されることがある。このような場合はそのまま

1　解のある問いなのか？

2　その問題を解くと誰が何を得られるのか？

3　議論に適切な単位なのか？

図12　論点思考のフローチャート図

解がない	目的・前提がない	議論できる単位ではない
「A社の製品が好き」「B社の担当者が好き」のような個人の思想・嗜好の言い合いの場になっている	「ごめん、結局なんでこれを決めたいんだっけ……」と最悪の雰囲気に	「このプロジェクトをどう進める？」の会議で出席者から「頑張ろう…！」といった精神論しか出てこない
会社の金・時間を使って議論することではないので飲み会へ誘導	これを決めると誰にどんな良いことがあるのかに立ち返る	誰が、いつ、どこで、何をする、といった議論できる単位に分解して進める

図13　この会議なんだっけ…？　に陥る例

受け止めるのではなく、「どう進めるか、というところをもう少し分解したいのですが……」とそれとなく誘導し、議論できる単位に分解していきたい。

新規店舗を出すことは既に決まっていることなのかどうか、そうであるならその理由を確認した上で、どの程度の予算で、いつまでに、どの程度、誰が、といった具合に具体化をしていくと、プロジェクトをスピード感を持って進めることができるようになるだろう。

なお、コンサルティング会社においては何を解決すべきであるかが曖昧な状態で会議を開いてしまうと、上司から「で、論点は何だっけ?」といったように突き放されることがよくあるため、日々、今自分はどの問題を解くために何をしているのかを振り返りつつ、目的意識を持って働くようにしたい。

実践! 仮説思考

抽象度の高いコンサルティング業務では、枝葉の議論に引きずられると仕事の無間《むげん》地獄へと突入する。クライアントのために調べてみたいことや、将来役立ちそうな最新技術など無限にあるからだ。しかし、限られたプロジェクトの期間内でその一つひとつを調べ検証することは現実問題としてできない。ドローン技術やAI、ブロックチェーンなどのトレンドのすべてを現実的なソリューションへと具体化する時間もない。

よって、コンサルタントの仕事は、**「正解はこの辺にあるんじゃないか」「この辺りがプロジェクトの決着となる場所なのではないか」という仮説を事前に立てて仕事をする**のが一般的だ。

コンサルティング業界の雄、ボストンコンサルティンググループ出身の内田和成の著書『仮説思考』はすべてのコンサルタントの教科書となるため、必ず読んでおきたい一冊だ。この本を読まずしてコンサルタント業務を行うことは、ルールを知らずに野球をしている状態に等しい。


具体的には、まずストーリー構成を考える。たとえば、「現状分析をするとこういう分析結果が得られるだろう。その中でもこの問題の真の原因はこれで、その結果としていくつかの戦略が考えられるが、最も効果的なのはこの戦略だ」ということを、十分な分析や証拠のない段階でつくり上げる。

つまり、問題に対する解決策や戦略まで踏み込んで、全体のストーリーをつくってしまう。そうすると、ごく一部の証拠は揃っているけれども、大半は証拠がない状態になり、そこから証拠集めを開始することになる。その場合には、自分がつくったストーリー、つまり仮説を検証するために必要な証拠だけを集めればいいので、無駄な分析や情報収集の必要がなくなり、非常に効率がよくなる。

内田和成『仮説思考――BCG流 問題発見・解決の発想法』

実際に仕事をしていると、仕事を進めるために必要な情報や手がかりは断片的にしか与えられないことが多い。この際、これでは足りないと躍起になって網羅的な調査や情報収集を手探りではじめると時間を浪費してしまう。

スピードを持って仕事を進めるためには、まず最初に与えられている部分的な情報が最終的にどのようにつながり、万人が納得できそうな一つのストーリーになるのかをイメージすることが必要だ。そのストーリーが完成するために〝必要な情報を逆引き的に収集する〟アプローチがコンサルタント的仮説思考の仕事術になる。

例えば、クライアントが運営するサブスクリプションサービスのカスタマー離反に悩んでいて、その原因を見極めるプロジェクトがあったとする。この際、ただ闇雲に街角調査でカスタマーヒアリングをしてみたり、競合調査を行ったりしては、1年経っても3年経っても仕事は終わらない。通常このようなプロジェクトは1ヶ月〜2ヶ月の短期間で行うことが多く、その時間内で確度の高い答えを導き出す必要がある。

このケースでいえば、
・価格が競合よりも明らかに高いのではないか？
・競合が何かしらのキャンペーンを集中的に行ったのではないか？
・そもそもこの分野のサブスクのニーズが失われているのではないか？
など、離反のストーリーとしてパッと考えられるものから順に調べていく、というカジュアルなアプローチが立派な仮説思考になる。

10分程度で考えられる幾つかの仮説を吐き出し、早い段階でチーム内やクライアントの現場の方々と議論し、どの仮説が〝筋が良さそうなのか〟を見極め、確度の高そうなものから実際にデータの分析をするなりカスタマーへのヒアリングを行う等して、仮説の確からしさを検証すると良いだろう。

具体的な思考のフローは以下のようになる。

1　5分で思いつく限りの仮説を書き出してみる

例えば、屋内から外に出た時に道が濡れていたとしたら、どんな理由が思いつくだろうか。30秒考えるだけでも、雨が降った、誰かが道に水を撒いた、地下から突然何かしらの理由で水が染み出した等の理由が思いつくだろう。しかし、地下から突然水が染み出すというようなことは大きな地震や事故がない限りはあり得ないであろうし、概ね、通り雨が降ったのか、夏であれば熱中症対策で誰かが水を道に撒いたのか、そのあたりなのではないかとあたりをつけるだろう。

仮に、とあるチェーンのハンバーガーショップの売上がここ数ヶ月下落傾向にある時はどうだろうか。近所に競合となるような飲食店ができたのかもしれない。食中毒の風評が立っているのかもしれない。仕入れ先を最近変えたために、馴染みの顧客が離反してしまったのかもしれない。少し考えるだけでもいくつかの筋書きを思いつくことができる。このようにして、一度考えられる限りのことを考え、書き出し、一番可能性が高そうなものを上から3つほど選んでみよう。

2　本で検証する

仮説を書いたら、本を探して自らの仮説と一般的に本で書かれていることに大きな差がないのか、時間を区切って検証してみよう。3冊程度、1日〜2日でできる範囲でもよい。

3　詳しい人に仮説をぶつけてみる

いくつか仮説のオプションを書き出したら、どれがもっとも〝筋が良い〟仮説であるかを

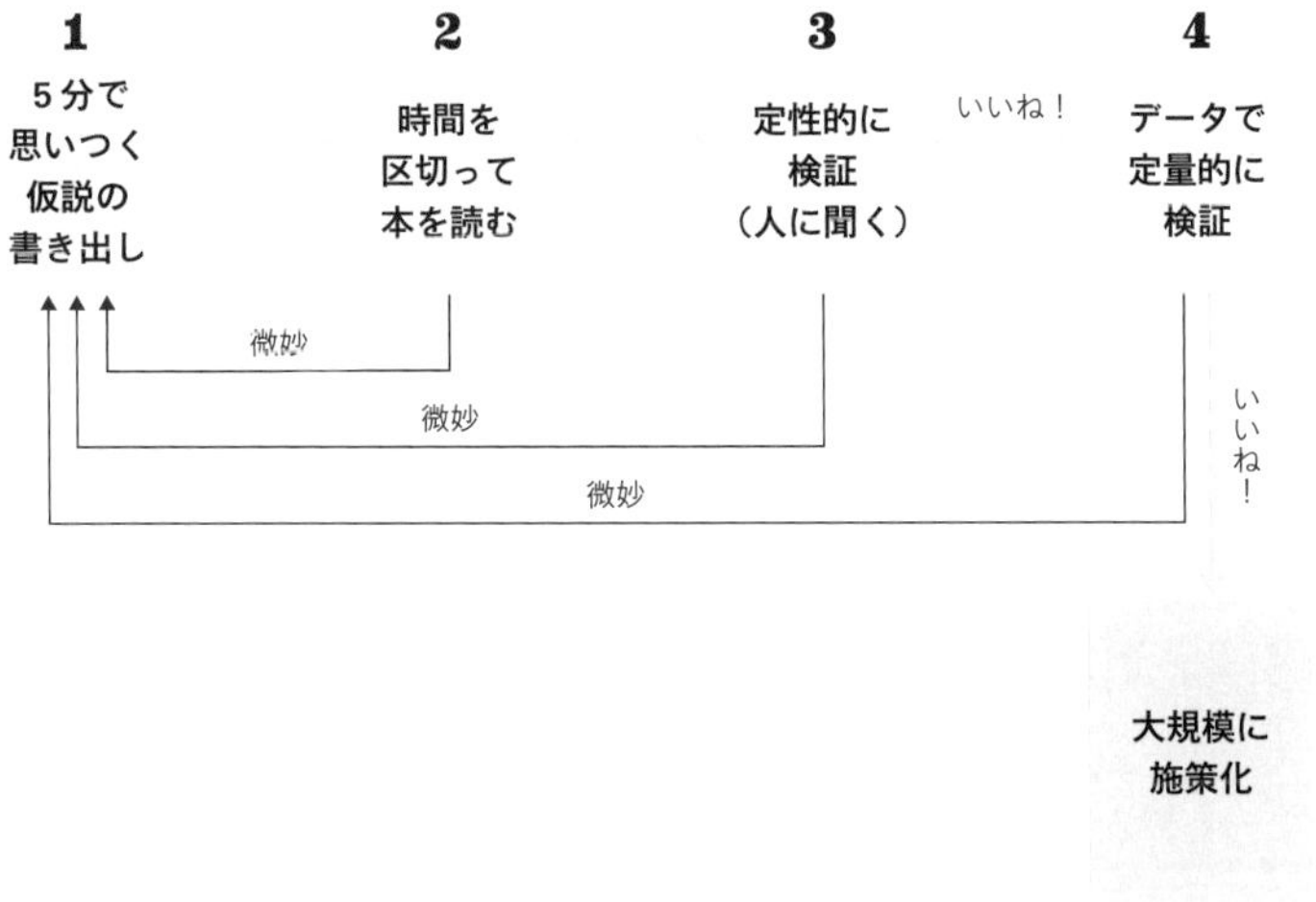

図14　仮説思考のフローチャート図

検証しよう。一番の近道となるのはそのテーマに詳しい社内の有識者や、現場に一番近いクライアントに仮説をぶつけてみることだ。最近、仕入れ先を変えるようなことがあったのか、近所に脅威となり得る競合店舗ができたという事実はあるのか、ということをカジュアルに聞いてみて、書き出した仮説の確度を検証してみよう。

4　データで定量的に検証する

議論を通して確度が高そうな仮説を洗い出せたら、それを裏付けるデータを探し検証してみよう。売上が下がった時期と仕入れ先を変えた時期、あるいは競合店舗が営業を開始したタイミングが重なっているのかどうかを確認してみると良いだろう。この時注意が必要なのは、最初に立てた仮説にこだわりすぎてしまい、自分に都合の良いデータばかりを集めてしまうことだ。仮説は仮説でしかないため、データを見る中でこの仮説は間違いだ、と気づいたのであれば、躊躇なく捨て、次の仮説の検証に時間を使う方が生産的なアプローチと言える。

高級ホチキスにならないために

コンサルタント職を揶揄《やゆ》する言葉に、高級文房具・高級ホチキス、というものがある。これはクライアント先に常駐し、クライアントが求める各種資料をハイスピードで大量に作成する機械のようなコンサルタントの働き方を示したものだ。

残念ながら実際にこのような仕事の仕方に陥っているコンサルタントは少なからず存在する。中にはクライアントの会議の司会の進行であったり、協力会社の資料を束ねて通し番号だけを付与して提出することを自らの価値と感じている残念な層までいる。これでは高級ホチキスと呼ばれてしまっても仕方がないであろう。

昨今はクライアント企業においても「働き方改革」の流れがあり、社員の労務管理、特に残業時間が厳しく管理されるようになってきている。その際、労務管理の必要性がない業務委託のコンサルタントを使い倒すことは、自社内の労務リスクを外部化する仕組みとして機能している実態があり、高級文房具は高級文房具としてそれなりにマーケットの需要があるのは確かだ。

このようなプロジェクトはマネージャーの関与が非常に低く、とりあえず高学歴で頭のキレのいい瞬発力のあるスタッフをクライアント先に常駐させ、クライアントと一蓮托生のチームとして行動させることが多い。会社の利益にはなっているのであろうが、クライアントにおいてもなんら革新はなく、スタッフとしても最初はクライアントにありがたがられる立ち位置に満足しているが、いつまでに何をやれば良いのかの目標が曖昧であるため、モチベーションを保つことが難しくなってくる。

高級文房具とコンサルタントの違いは、クライアントの変化にコミットできているかどうかにある（変化を起こす仕事の仕方については第8章で詳述する）。高級文房具は、クライアントのプロジェクトに入り込み、共に悩み、深夜まで働くが、3ヶ月働いた結果にどのような意味があったのかを説明することが難しい。

これは最初に「正しい論点の設定」をしないままにプロジェクトに突入してしまうことにより発生する。高級文房具案件の提案書を見てみると、決まって何を達成すべきなのかが記載されておらず、ただやることだけが羅列されている。仮にあったとしても、「クライアントのビジョンに寄り添う」といったポエムのような抽象的な記載にとどまるのみで、これではただ社内の工数をクライアントに貸し出しているだけの人材派遣サービスと同じになってしまう。

高級文房具にならないためには、まずクライアントの顧客の離反率を5％下げるとか、クロスセル・アップセルの割合を3％上げる等、限られたプロジェクト期間の中で、どのような効果を出すのかを明確に定める必要がある。

コンサルタントの時間単価が高いのは、正しい論点と確度の高い仮説を提案することができるからであることを決して忘れてはならない。

仮説のない状態でクライアントと会話をしない

クライアントはコンサルタントの月額金額をよく知っているし、その金額の大きさについては複雑な心象を持っている人も多い。現場が一所懸命稼いだお金がコンサルタントを雇うために流れているのだから、その使い方をよく思わない人がたくさんいるのは自然な感情だろう。特に小売業等の利益率が低い領域においては、仕入れを10円単位で調整し日々のビジネスを行っている。

そんな状況下でコンサルタントが、「何が課題ですか？　どこが問題なんですか？」といった言葉を口にしたらどうだろうか。クライアントからしたら、「それを知りたくてお前らを雇っているんだろうが」と舌打ちのひとつもしたくなるだろう。クライアントに課題を直接的な言葉で聞くことは「これから勉強させていただきます」「ご迷惑をおかけすると思いますが」といった言葉と同様、自分たちの存在意義を否定するに等しい。

　クライアントに何か聞くにしても、「こう思っているんですけど、実際のところいかがですか？」という仮説思考を徹底しよう。仮説としての見立ては、本質的な論点を見つけるための議論のたたき台ともなる。**仮説をもとにクライアントとの対話を深め、正しい論点を設定する**――これができるのがコンサルタントだ。

　クライアントと会話をする際、すでに自分がどこまでの情報を持っているのかを最初に伝え、どこからが自分の仮説であるのかを示すことはコミュニケーションの作法として非常に重要だ。

　例えば、余剰在庫に悩んでいる物流管理部のクライアントと会話をする場合を想定しよう。余剰在庫が発生する理由は一般的に「買いすぎ（需要予測の不良）」か「売れなすぎ（販売網の不良）」のどちらかだ。その時点で自分たちが見えている範囲として、仮に需要予測の側に原因がありそうなのであれば、クライアントに対しては「どこが問題なのでしょうね…？」という話し方ではなく、「販売の方はかなりしっかりやられていると思ってまして、需要予測の方で、どうしても急激な需要減に対応しきれていないように見受けられますが、その辺り物流管理部の方から見ていていかがでしょうか？」という言い方をする方がベターだ。

さらに需要予測の担当者が、特に根拠なく、３ヶ月に１回去年と同じくらいの数量で感覚的に需要を決めていることを知っているのであれば、「需要予測の担当者様の業務をより科学的にすると余剰在庫が減るのでは」というところまで踏み込める。

ちなみに、仮説思考の姿勢は対クライアントのみならず、社内でもあらゆる場面で求められることだ。例えば上司に何かを相談する際も「これどうしましょうか？」という質問の仕方は歓迎されない。「なんか仮説ないの？」と返されるだけだ。問題の大小にかかわらず自分なりの仮説を持ち、「データを見るとこういう傾向があるので僕はこう評価をしているのですが、どう思われますか？」といった聞き方をすると、そこから発展的でスピーディな議論が可能になる。

コンサルタントにとって論点思考、仮説思考とは、いつどこでも即座に使える思考の型として体にインストールしておくべきものなのである。

スピードスキル集　その4

コミュニケーションツール篇

Microsoft TeamsやSlackをはじめとする様々なツールの発達により、社内外とのコミュニケーションのバリエーションが非常に多くなっている。仕事のスピードを上げるためには、各ツールの特性を理解し、用途に応じて使い分ける必要がある。

1　コミュニケーションの基本ルール

コンサルティング業界には、業界内のコミュニケーションを支える独特のプロトコル（通信規約）がある。研修等で明示的に教えられるものではないが、日々の仕事の中で各人が上司から徹底的に体に叩き込まれているために、そのプロトコルから外れたコミュニケーションがストレスに感じるほどになっていることも少なくない。

わかりやすい例を挙げると〝アンサーファースト〟という決まりだ。少し進行が遅れている仕事について、上司から「あの仕事って今日中に終わるの？」という質問を受けてしまった時に、「実は差し込みの仕事がありまして」というように言い訳からはじめると、多くの場合「終わるのか？　って聞いてんだけど」と怒られる。上司が聞いているのは終わるか終わらないかの二択であり、それ以外のことから喋るのはルール違反になる。

また、発言する際は主語を明示し、必ず誰の意見であるのかをはっきりさせる。「私の考えですが、」「〇〇さんから伺った話なのですが、」と冒頭につけるだけで、聞き手はその情報が事実であるのかどうか、推測や仮説が含まれたものであるのかを判別することができる。自分の意見を述べる場合は必ず、そう考えた理由を添えることもルールだ。理由がなければ必ず「なんで？」と聞かれるだろう。

コンサルタントのコミュニケーションはＭＥＣＥであることが理想とされ、「原則として」という言葉を使う場合は、そこから外れる「例外」についても言及する必要がある。「大部分は」「やや」「概ね」という定性的な表現は可能な限り避け、定量的に状況を説明する。

2　コミュニケーションツールの特性を理解する

実はプロジェクトの現場における遅延原因の多くは〝クライアントの承認がまだ得られていない〟というものだ。我々としてやるべきことはやった。説明責任も果たした。その上で、あとクライアントがＯＫと言ってくれるその１ステップがないために次に進むことができない、ということは頻繁に発生する。

特にクライアントの上級職は非常に忙しく、１日中会議で、累積したメールの未読が数千件になっていることも多々ある。また、クライアント側の心理として、本当に自分自身が承認してしまって良いのかの判断がつかないため、上長や他部署の責任者にも確認をとりたいが、その作業を行う心理的ハードルから承認が遅れてしまう、ということは現実的によくあるのだ。

この場合、メッセンジャーかSlack等でクライアント先の上長や必要な関係者と現場担当者を含めた一つのチャットグループを作っておくとコミュニケーションがスムーズになる。催促したい場合はクライアントの上長と担当者宛に、こちらいかがでしょうか？　と打つだけですみ、上長からの承認なども即レスでもらえたりするため、承認待ちのボトルネックを解消することができる。

チャットツールの導入は両社のセキュリティ規程をクリアする必要がある点と、クライアントがチャットツールの利用に抵抗がないという2点が大きなハードルとなり得る。クライアント先の情報システム部がセキュリティ上の懸念から会社公認以外のチャットツールの利用を禁止していたり、認められていても、高齢のクライアントの場合、こうしたツールに慣れておらず、使ってもらうこと自体がネックになることもある。プロジェクト開始早々に導

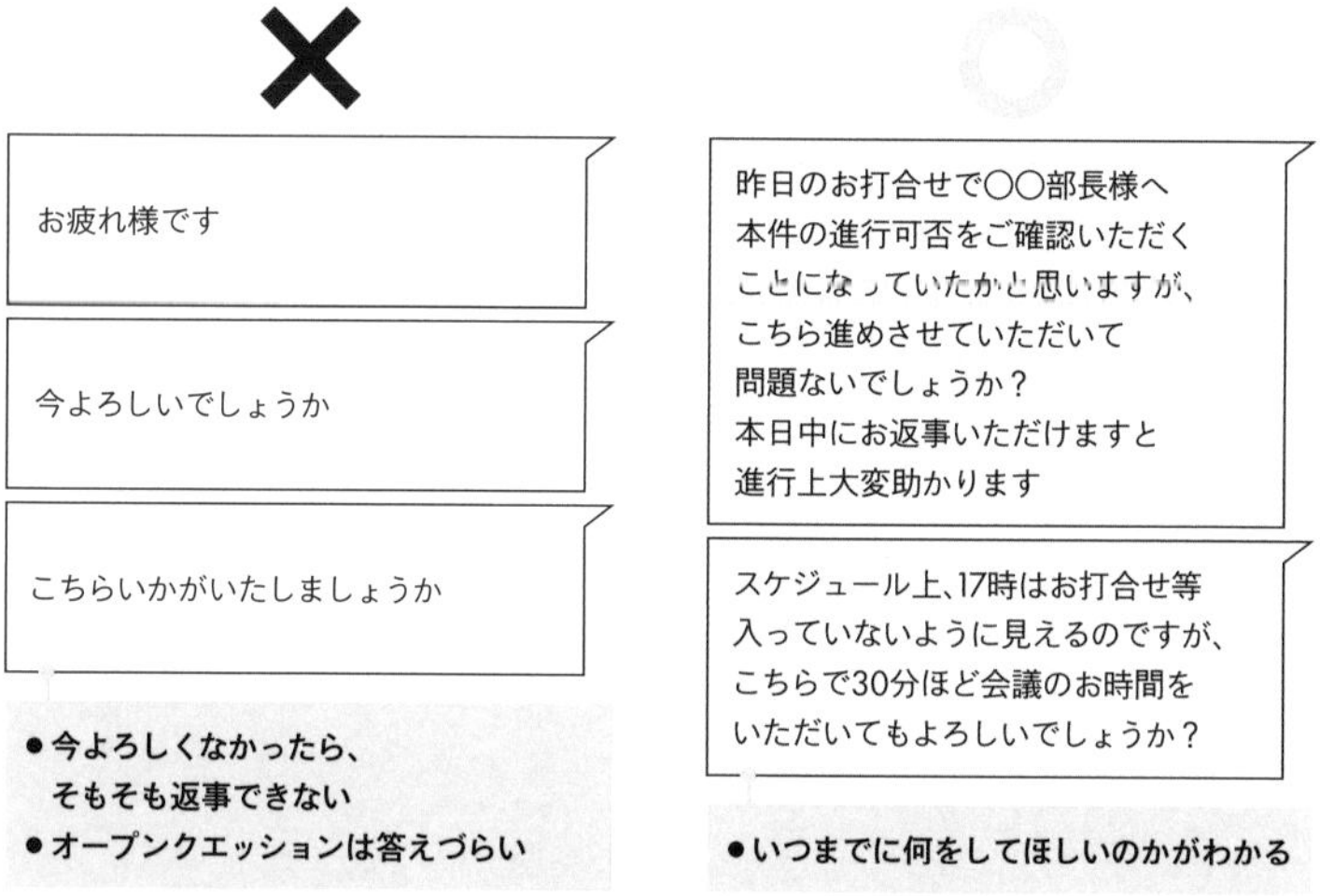
✕
お疲れ様です
今よろしいでしょうか
こちらいかがいたしましょうか
●今よろしくなかったら、
そもそも返事できない
●オープンクエッションは答えづらい
〇
昨日のお打合せで〇〇部長様へ
本件の進行可否をご確認いただく
ことになっていたかと思いますが、
こちら進めさせていただいて
問題ないでしょうか？
本日中にお返事いただけますと
進行上大変助かります
スケジュール上、17時はお打合せ等
入っていないように見えるのですが、
こちらで30分ほど会議のお時間を
いただいてもよろしいでしょうか？
●いつまでに何をしてほしいのかがわかる

図15　メッセージの良い例・悪い例

入の可否の温度感を探って、事前調整しておくと良いだろう。

チャットツールでは、要件を端的に伝えること。〝今よろしいでしょうか？〟みたいな前置きのメッセージは不要だ。〝こちらどのようにいたしましょうか？〟といった相手に考えさせるような質問は可能な限り避けたい。〝こちら、こうするのが良いと思うのですが、その方針で問題ないでしょうか？〟といった聞き方なら、イエスかノーのいずれかで返事ができるため、ストレスが少ない。

3　TeamsやSlackでのDM機能の利用は最小限に

TeamsやSlack等を利用してのコミュニケーションは、可能な限りPublicのチャネル機能を使い、どのようなやり取りがどこでなされているのかを全員に可視化する。DM機能を使ってしまうと、せっかくのコラボレーションツールの良さを殺してしまう。よく個別の質問をDMで投げかける人がいるが、同様の疑問を持っている人がいた場合に回答者は2回同じ内容のことを回答しなければならず、ストレスを与えてしまう。

人事に関することや機密事項でない限り、Publicチャネルでのオープンコミュニケーションを行うことを心がけよう。

4 証跡を残したい時はメールで

チャットツールはリアルタイムでのコミュニケーションには非常に有効である一方で、情報が流れ続けていくため、後からゆっくり読み直すことに向かない。例えば会社対会社で契約書や請求書等の資料の授受をする場合、メールでのやり取りの方が後からの検索が容易だ。またチャットツールの多くはファイルダウンロードの有効期限があるが、メールであれば永続的に保管ができるため、証跡を残したいものは必ずメールにしたい。

メールを送る際は件名、宛先（ＴｏとＣＣ）に気を遣おう。

いつまでに何をすれば良いのかを、なるべく件名を見て判断できるようにしたい。〝資料送付の件〟や〝ご相談〟というような件名はＮＧだ。大量のメールの中に埋もれてしまう。〝1

月10日返信期限希望：○○案件の検収依頼〟というように具体的に記載しよう。
Ｔｏはそのメールについて返信をしてほしい人を、ＣＣにはそのやり取りが進行していることを知っていてほしい人を含める。宛先は社外から社内、役職の高い人から順に設定することが通常だ。瑣末《さまつ》なことと感じるかもしれないが、コンサルタントなのにそんなことも知らないのか、とつまらない減点をされないように、一般的なビジネスマナーとして理解しておくと良い。

5　説得が必要な時は電話・対面で労力を惜しまずにやろう

クライアントの意向に合わないことを進言しなければいけない場合や、タスクの遅延等のネガティブな情報を連絡する場合、チャットやメールでのコミュニケーションよりも、可能な限り電話や対面での説明をする方が良い。

既に厚い信頼関係を築けているクライアントならともかく、関係性の薄いクライアントに対してネガティブな情報のチャットでの連絡は、「え、それだけ？　補足の説明とかないの？」といった悪印象を与えかねない。

また、メールの文言に記載した際に20行を超えるような内容については補足として電話や対面での説明を行う方が良い。長い文章は忙しい時に読み込むにはかなりのエネルギーを消費するため、補足があるとないとでは心理的に大きな差が生まれる。〝一手間を惜しまずに〟積極的にコミュニケーションをとろう。

　なお、新型コロナの流行以降、クライアント先に常駐するという仕事の仕方が少なくなってきてしまっているが、可能な限り先方に出向いた方がコミュニケーションという観点では望ましい。五感でクライアントの状況を感じ取ることができるオフィス環境の持つ情報量に勝るものはないからだ。

第5章
「お前がいないくらいで潰れるようなチームじゃない」
――サステナブルな仕事のスタイルとは？

「未成熟な人間の特徴は、理想のために高貴な死を選ぼうとする点にある。これに反して成熟した人間の特徴は、理想のために卑小な生を選ぼうとする点にある」

――J・D・サリンジャー／野崎孝訳『ライ麦畑でつかまえて』

休暇をとるためのハードルを乗り越えよう

人間が仕事に費やせる時間は、最大でも1日24時間と有限だ。提案内容の磨き込みを行える時間も限られている。そんな状況下において、特に職歴の浅いコンサルタントにとっては、「休む」という行為は、「働き続ける」以上にはるかに難しいものだと感じる。常に自分の価値を問われ続ける環境に半年も身を置いていれば、休み即ち悪なのではないか、と感じるようになるだろう。

２０１９年４月からは、会社は社員の有休について労働基準法で時季を指定しての年５日の取得が義務とされているものの、現場にいる一人ひとりのコンサルタントにとって、休むことの心理的・手続的ハードルはあまりにも高く、勤怠上有休をとりつつ実働はしてしまう、という状況が発生しがちだ。上司たちとしても決して労働を「強制している」訳ではない。

時間のある限り調査と考察を重ねて、コンサルタントの存在意義たる提案の付加価値を上げる——そのような半ば強迫観念によって若手コンサルタントの長時間労働は生み出されている。

私がアナリスト時代に共に働いていたコンサルタントたちに至っては、そもそも休むという思考そのものが欠如した修羅のようなサラリーマンが数多く生息していた。その生活は驚くべきもので、月曜日の朝に１週間分の着替えをスーツケースに入れて出社し、平日家には帰らずオフィスで仮眠をとりながら働くのだ。オフィスの床に段ボールを敷いたり、椅子を並べて仮眠をとる技術は、10年前のコンサルタントには基礎的なサバイバル術として普及していた。深夜、怪しげなエステ店でシャワーを浴び、仮眠してから仕事を再開するような人間も存在していたのである。10年前のコンサルタントにとって、「休む」とは精根尽き果てて机で気絶している状態を示す言葉だった。

休めない理由はプロジェクトの繁忙期であったり、プロジェクトの人数不足であったりと複数の要因で構成されているのだが、まず自分が休んだ場合の影響を正確に把握し、それを説明する、ということが職歴の浅い社会人には難しい。

休むにもスキルがいる。休むことによる後続作業への影響とリスク、上司や同僚への説明という手間と負担を天秤にかけた時、働き続けた方が、心理的な負担が少ないという状態が頻繁に発生してしまうからだ。

ギャル男のマネージャーがくれたヒント

一方で、体力そして忍耐力もまた有限なリソースだ。生身の人間である以上、不眠不休で働き続けることはできない。徹夜は3日が限界だろうし、3時間睡眠での労働を数ヶ月も続ければ心身に重篤な問題が発生する。持続可能な労働の主体として存在し続けるために、コンサルタントは自らの意思で休みを作り出す必要がある。

ここで、休み方の達人であった上司、西村について触れておきたい。かつて新卒の私とヤマウチが所属したチームの長であった西村は、ギャル男であり自他ともに認める女好きのプレイボーイであった。同僚のコンサルタントが皆、寡黙に働き続け、コミュニケーションは仕事に関することのみであるのが普通であった職場で、西村は異色の存在だった。女性社員とすれ違う際は必ず声をかけ、彼女たちの外見の変化に目ざとく気づいては、褒めあげた。人によってはセクハラになりかねない声掛けも、女性が不快にならない絶妙な言葉でコミュニケーションをとれていたのは、西村が天性の人たらしだったからだろう。

彼は金曜日の夜だけは合コンに参加するため必ず20時で仕事を切り上げ、オフィスから去っていった。

彼の下で働いていたある冬の日、「今日合コンやるけど、男性が足りないからお前もこい」と言われ、当日に人数あわせで参加したことがあった。会場に行ってみるとミニスカートのサンタクロースのコスチュームを着た女性3人を囲むようにして同僚の男が10人以上参加しており、狭い居酒屋の個室をむさ苦しい熱気が満たしていた。

一人ひとりの自己紹介に対して他の9人が全員それぞれに関係のないコメントを入れるため、女性たちはほとんど喋る隙もなく、もはや合コンというよりもフリースタイルのラップバトルに近かった。男性陣の自己紹介が終わる頃には終電がなくなったが、私は合コンに全力でエネルギーを注ぎ楽しむ西村という男に畏怖《いふ》すら感じていた。

西村はギャル男ではあったが、仕事に対して真摯《しんし》な男だった。徹底的にアウトプットの品質を磨き上げるヤマウチとは違う形ではあったが、人たらしの才を遺憾《いかん》無く発揮し、会話を通してクライアントの本音を引き出し、チームのリソース配分を無理なく冷静に差配した。部下が倒れるまで使い潰してしまうマネージャーも一部存在した中で、西村の後輩社員からの支持は厚かった。西村は自分の直接の部下だけでなく、周囲の後輩社員の心身の状態に対しても常に気を配っていたからだ。徹夜での仕事が常態化していた会社において、後輩の健康にも目配りする管理職は彼を除いていなかった。

ある日、深夜まで働いている私は微妙に体に熱があることを感じていた。寒気がするにもかかわらず、体が熱い。意識がぼんやりしている。しかし、クライアントとの定期会議までに資料を完成させるためには、その日のうちになんとかデータの整理を終わらせておく必要があった。

西村は私の手が止まっているのを見抜き、「お前、体調悪いの？　あとどれくらいで仕事終わるの？」と聞いてきた。少し微熱があり、今抱えている作業が終わり次第帰る旨を告げると、「もう帰れ、今。業務命令。あとは俺がやるよ。お前が1日いないくらいで潰れるようなチームじゃないよ。自惚《うぬぼ》れんな」と言い、西村は半ば強引に私の端末を閉じ、困惑する私を事務所から追い出したのだ。

翌日の会議で、私が資料を完成させることができなかったアジェンダの部分はすべて西村が口頭で淡々と説明を終わらせた。ありがたいと感じる一方で、体調管理ができなかった自分自身が情けなく、そして管理職である人間であれば口頭で説明できる程度の内容に、これほどの時間を費やして準備をしなければならない自分の非効率さを恥じた。

いつからか私は長時間働くことが当たり前になりすぎていて、時間をかけて悩みながら働くことで仕事の品質が上がると勘違いをするようになっていたのだ。

「悩み」を通して作業の品質が上がることはない

どんなに時間を使って徹夜で悩んだとしても、質の良いアウトプットがなければコンサルタントの仕事は意味がない。何も知らない経験の浅い社員が徹夜で一所懸命に悩み抜いて出した答えよりも、10年分の知識と経験のある社員が1秒で出した答えの方が圧倒的に価値を持ってしまうのが、コンサルタント業の非情な部分だ。

答えを知らない人間が悩んでも無益だ。コンサルタントであるならば、悩むのではなく、考えなければいけない。答えを知らないなら知る人を探す、調べる、そのようにしてインプットの量と質を上げる他ないのだ。

ひとつの課題に対して20分以上、頭と手が止まっている場合はすぐにインプットできるや

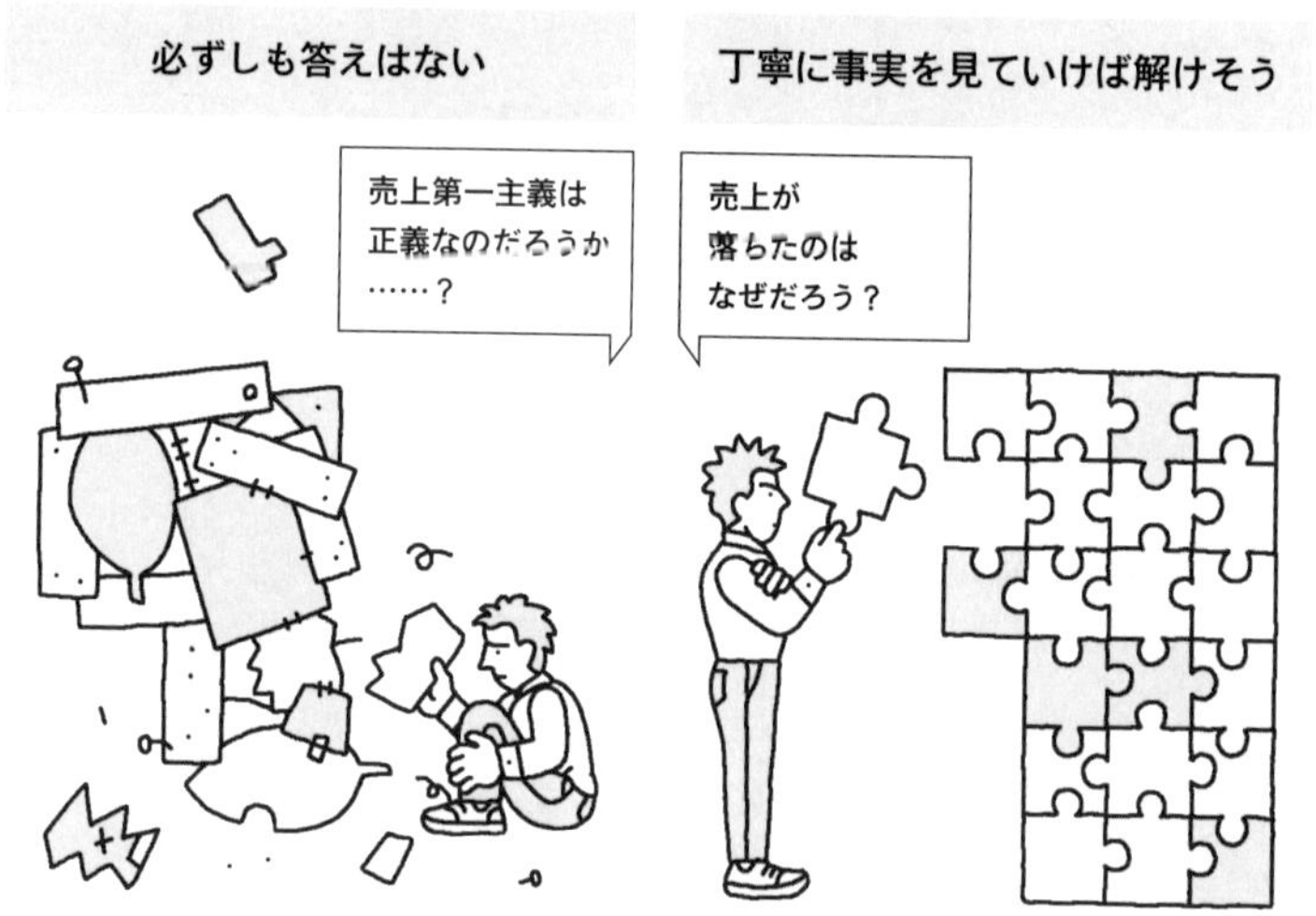
必ずしも答えはない
丁寧に事実を見ていけば解けそう
売上第一主義は正義なのだろうか……？
売上が落ちたのはなぜだろう？

図16　「悩む」と「考える」の違い

り方に舵を切る必要がある。作業が進まないのはまだ考えるに値する材料がないことを意味しているからだ。

手が止まる理由の多くは、自分自身は「考え」ている時間が実は「悩み」の時間として消化されてしまっていることだ。仕事において、「悩む」時間は極力ゼロにすることが求められる。「これってどうすれば良いのだろう……」と悶々と1時間悩んでも10時間悩んでも、クライアントがその時間によって得られるリターンはないからだ。

コンサルタントの時間は何かの答えを出すための検証（文献の調査やデータ集計を通した証明等）にこそ使うべきで、答えがないことを悶々と考えるために使うべきではない。悩んでいる時間はエネルギーを使うので、自分としては仕事をしている気分になれるため、時間とエネルギーを消費しながらも誰からも感謝されないという最悪のスパイラルへとはまっていくことになる。

労働時間なんてどうでもいい。価値のあるアウトプットが生まれればいいのだ。たとえ1日に5分しか働いていなくても、合意した以上のアウトプットをスケジュールどおりに、あるいはそれより前に生み出せていれば何の問題もない。「一所懸命にやっています」「昨日も徹夜でした」といった頑張り方は「バリューのある仕事」を求める世界では不要だ。最悪なのは、残業や休日出勤を重ねるものの「この程度のアウトプットなら、規定時間だけ働けばよいのでは」と周囲に思われてしまうパターンだ。

安宅和人『イシューからはじめよ　知的生産の「シンプルな本質」』

経験から言うと、いつも仕事が終わらない人の仕事の仕方には、ある共通点がある。一見手はせわしく動かすのだが、どこへ向かっているのか、このまま向かえばゴールへ到達するのかがわからない状態で作業をしているのだ。そして作業が行き詰まるたびに「悩んで」、時間を浪費してしまう。結果、2時間PowerPointのファイル自体は開いて作業はしても、誰に何を伝えたいかの具体的なイメージがないので、結果として使い物にならない資料を量産してしまう。

コンサルタントが無駄な作業に2時間使えば、クライアントにとっては2時間分のコストが発生してしまう。これでは、ゴミを生産しているのとあまり違いはない。

今自分はどんな答えが欲しくて何をどのような手順で調べ、その結果をどう取りまとめるのかの具体的なイメージがないまま資料作成をスタートしては絶対にいけない。そんな時は深呼吸して、手を止め、上司ともう一度自分が何をすべきであったのかを冷静に話し合おう。

休むことが価値提供になる

自分で意識的に休むタイミングを作る、というのは仕事の一部であるし、適切なタイミングでうまく休むのは一つの立派な技術だ。

なぜなら適切に休みながら長く働くことが、長い目で見た時に会社全体にも、クライアントにとっても大きな価値提供になるからだ。破綻せずに安定的な労働力を提供できるというのは大きな信頼となり、労働を管理する会社からすれば先の見積りが立てやすい。

私たちは、クライアントへの価値提供につながらない悩みに時間を費やすべきではない。そんなところに時間を割くくらいなら、全力で、主体的に、休息をとる方が良い。

どんな仕事にも、1ヶ月、あるいは1週間のサイクルの中で、忙しさには波がある。例えば隔週でクライアントに対しての報告会が設定されている場合、日々の忙しさはそこに向けてピークになるだろうし、報告会が終わった日は、比較的心理的な余裕ができるタイミングだ。仮にそこで仕事が終わっていなくても、その日の作業遅延は残りの営業日の中で吸収が可能な場合が多い。タイミングを逃さず、意識的に早く帰って休息をとろう。

働き方改革により業界全体として有休取得率は増加傾向にあるが、それであっても管理職のマネージャーたちがチームメンバーの有休消化率まで日々モニタリングできているわけではない。有給休暇は働く人間の権利と自覚し、時期を上司と相談して１００％取得を目指そう。閑散期のタイミングでの有休は人件費を抑制することにもなり、プロジェクトファイナンスへ貢献するのだ。

チームを監督する側にとって、投げれば絶対に勝てるがシーズンを通して故障が多い選手よりも、安定的に6割程度勝てる選手の方が長期的な勝算を立てやすくありがたいものだ。仕事も同様で、働く社会人は体だけでなく精神の健康もしっかりとメンテナンスしておく必要がある。

無論、仕事の悩みはなかなか職場以外の人間と共有しづらいものだ。そもそも多くの守秘義務を抱えており、身内に対してもクライアントの名前すら口にすることができない。言えることが極端に少ない上、日々多忙すぎて、恋人や配偶者から「私（家）と仕事、どちらが大切なの？」という、どちらを答えたとしても詰みの質問を投げかけられることもあるだろう。日々強いプレッシャーを受けながら、その内容を人に話せない状況が続けば精神は容易に摩耗してしまう。

そんな時、同じ会社の同期は悩みを共有できる頼もしい相手になってくれるだろう。コンサルティング会社の特徴であるプロジェクト単位の仕事の仕方は、プロジェクトの長やクライアントによって、独自の文化や慣習が色濃く形作られる。

プロジェクトにおいて苦境に立たされていたとしても、それは自分とプロジェクトの文化・慣習とのミスマッチが原因であることも多くある。だから、同期とは定期的に情報交換をしつつ、自分が所属しているプロジェクトの環境が、平均的なものなのかどうか判断するのが良い。

同僚たちと夜な夜な話し込んだ時間は、大切な思い出になり、当時よく訪れたお店は自分の人生にとって大切な場所になる。忙しい毎日だからこそ、ふとした余暇にしっかりと安らげるような同僚とお店を見つけ、精神の安定を確保しよう。

自分の進化を認めて客観的に示そう

サステナブルな働き方のコツは、**自分の成長を自分で認め、それを周りにも示していく**ことに尽きる。

私のアナリスト時代は、それまでの人生においてこれほど時間の経過がはやく感じられたことはなかった。朝起き、着替え、仕事をし、資料を書き、会議に出て怒られて、資料を直して、酒を飲み、気絶したように寝て、また朝起きる。ベッドまで移動することが面倒臭くて、玄関先で倒れ込んでそのまま朝を迎えたことも一度や二度ではなかった。

そんな高密度な生活を1年ほど過ごした時、入社した当初はできなかった様々なことが〝呼吸をするように〟できるようになっていることに気がついた。

例えば、この議事録はだいたい1時間で書けるだろうな、と考えて書きはじめた議事録は1時間の作業でセルフレビューを含めて終わらせることができるようになった。この結論を出すためには、おそらくこのデータとあのデータをこうつなぎ合わせれば良い、そのための作業手順はこうで、このくらいでできるだろうという予測を立て、実際にその時間内で作業を終わらせることができるようになったのだ。

できるようになった一つひとつのことは、どれも瑣末で些《さ》細《さい》で、できて当たり前のこと。しかし、このできて当たり前のことがしっかりとできる人間である、ということを自覚でき、周囲にも認識されるようになると、任される仕事の内容も少しずつ高度になっていく。そしてまた高度な内容の仕事に慣れていくことで、それが当たり前になっていく。

私は少年漫画が大好きなのだが、そこではよく怒りに目覚めたキャラクターが唐突に力を発揮して格上の相手を負かす、という展開が見られる。しかし現実社会において、特に仕事という領域においては、そんなことはまずあり得ない。今日できないことが突然明日できるようになることはないし、進化や成長が1日にして起こる奇跡もない。

毎日毎日、少しずつの工夫と徹底した継続を行うことで、3ヶ月から半年、あるいは1年という時間の中で、できるようになったことをやっと実感できるようになるのが仕事における成長だ。**成長のためには、息の長い持続可能な働き方こそが大切**なのだ。

私がコンサルティング会社のアナリストとなってから1年と半年近く経った頃、高久さんというシニアマネージャーから、部下であるアナリストが体調不良で欠席したので、急遽、議事録を代わりに書いてくれないだろうか、と依頼されたことがあった。

私は恐怖した。というのも、高久さんは資料に非常に高い品質を求めることで知られており、彼の下で働き、プライドを木っ端微塵にされて散っていった多くのスタッフをこの目で見てきたからだ。

しかし、上長からの依頼を無下に断るわけにはいかないし、そもそも期待されていなければそんな依頼が自分に来ることもない。そう考え、私はその依頼を受けることにした。

会議はクライアント先の重役も含めて出席する大人数のものである。私はその場で白い紙に卓上の絵を記載し、出席者に名前を記入後、隣の席の出席者に手渡してもらうように依頼し、座席にいる人の顔と名前を一致させ、後々議事録を記載する際に誰がどの発言をしたのかがわからなくならないように準備を着々と進めた。

会議は3時間に及ぶ長丁場であった。その会議への出席ははじめてだったが、事前に直近の議事の内容を読み込み、不明な単語は意味を調べておき、今回の会議で論点となるであろう場所の目星もつけておいたため、議論の内容は概ね理解することができた。

会議が終わったのは夕方の17時で、終業時刻まではあと1時間。明日の正午までにドラフトを上げておけばおそらく期待値には応えられると考えたが、高久さんの翌日の予定を見ると午後は会議が詰まっており、その時間帯は議事録を確認することができない。ならば、むしろ会議のない午前中に議事録を見てもらえるように今夜のうちにドラフトを上げておく方が良いと考え、残業をして書き上げた。

出席者は多かったが、会議中に準備したお手製の出席者名簿のおかげでその記載に迷うことはなかったし、どの発言をどの出席者が行ったのかも、手元のメモと紐付けることができた。体裁や単語は会議前に読んでおいた議事録に記載されているものを踏襲し、用語を揃えるように心がけた。

3時間の会議の議事録であれば通常3時間で書き上げることが理想であるが、日本語に対して厳格な品質を求める高久さんのレビューを受けることを考えると、4時間程度かかると予測して作業に着手し、結果3時間30分ほどでセルフチェックを含めて作業を終えることができた。ドラフトを書き上げ、高久さんに送り、その日の作業を終えた。

翌日の夜、高久さんからは「議事録ありがとうございました」という言葉だけをかけられ、それ以上のコメントはなく、拍子抜けしていたのであるが、終業後、ヤマウチに呼び出されて話を聞くと、「高久さん、議事録、ちゃんと訓練されてるね、って言ってたよ」という評価をもらうことができた。入社当時、ヤマウチに跡形もなく修正された私の議事録は、会社で最も高い品質を求める大シニアマネージャーのレビューを一発で突破したのだった。

折しも2年目の冬、はじめての昇進がかかった人事評価の結果を聞くタイミングだった。

自分にできることをこの1年半、全力でやりきったとは言える一方で、それが果たして会社が求めるコンサルタントの品質を満たすものであるのかどうか自信がなく、評価の結果を悶々と待っていた。

　私が所属していたコンサルティング会社には通常のプロジェクトにおける上司とは別に、キャリアに関する相談をすることができるカウンセラーがそれぞれの社員に割り当てられており、人事評価の結果はカウンセラーから伝えられることとなっていた。

　カウンセラーから会社近くのスターバックスに呼び出された私は、新年からコンサルタントになることを伝えられた。私は1年半という歳月をかけ、コンサルタントに昇進するにあたり必要な能力を身につけたと会社に評価されたのだ。

　自分自身を育ててくれた憧れの先輩たちと同じ場所に立てることがただ純粋に嬉しく、ヤマウチたちの期待に応えることができたことを誇りに感じた。


　かくして、東京の一介のバンドマンであった私はコンサルタントとしての人生を歩みはじめた。入社した当時はできる仕事が全くなく、先輩たちのレッドブルの買出しだけをしていた新米社会人は、アナリストとしての修業期間の中で、徹底的にしごかれ、現実的な計画を組み立てながら、速く正確に処理するための方法論を学んだ。

　雨のように降り注ぐ先輩社員たちからのレビューと指摘、そして多くのミスを経験することによって、コンサルタントに必要な「速さ」、細部への目配り、そして「論点思考」「仮説思考」という基本的な思考の型が体にインストールされ、自分が陥りやすいミスを防ぐためにはどのような工夫を講じるべきなのかも知った。

弾丸が飛びかう戦場に素手で出陣するような無謀な青年は、生き残るための型の大切さ――何よりも先輩たちの背中から、クライアントに対して提供するバリューこそがコンサルタントのアイデンティティであることを学んだのだった。

第Ⅱ部

ジュニアコンサルタント編

限界労働。その先

第6章

「顧客の歴史に敬意を払え」
――クライアントを多角的に理解する

戦争を呪いながら戦争に魅入られていく、
俺達は…闘い続ける宿命なのさ。
――太田垣康男『機動戦士ガンダム サンダーボルト』

PMO業務での未熟さ

２０１１年の冬――、私は人生ではじめての昇進を経験した。リーマン・ショックから回復しつつあった景気の影響もあってか、多くの同期たちと同じように無事、入社から３年目にしてアナリストからコンサルタントに昇格することができたのである。不運にもステイ（昇進せず、同一のポジションに留まること）評価となった同期もいる中では幸運を勝ち取ったと

	最低限できなければいけないこと
マネージャー **(6-8年目)**	●プロジェクトの責任者として振る舞える ●部下を育てられる ●安定的に売上が立てられ、顧客との関係性を発展させられる
シニア **コンサルタント** **(4-6年目)**	●マネージャーと遜色ない働きができる ●5-6人のチームリーダーとしてクライアントとの対峙、他チームとのコラボレーションができる
ジュニア **コンサルタント** **(3-4年目)**	●抽象的な指示であっても背景や意図を汲み取り自走できる ●特定領域の専門性が1つある ●2-3人のチームリーダーとして作業を引っ張れる
アナリスト **(1-3年目)**	●言われた仕事を期限内に完了できる ●庶務業務を理解し自発的に行える ●データ分析とファクトに基づく仮説が出せる ●定型的な内容のプレゼンテーション資料を作成できる

図17　コンサルタントの各ステージ

言って良いだろう。

各会社により呼称や期間は多少異なるが、コンサルティング企業に入社すると、アナリスト、ジュニアコンサルタント、シニアコンサルタント、マネージャーへとそれぞれ2年から3年の期間で昇進し、キャリアを歩むことになる。上司からの具体的な指示でも正確に速く作業をこなすアナリストを卒業し、ある程度抽象的な指示でも自走することが期待されるジュニアコンサルタントになることは、その会社の一戦力としてカウントされた証とも言える。

ヤマウチの下で壮絶な労働を1年半経験し、コンサルタントとしての基本動作を体に叩き込まれた私は、以前とは別の社会的人格を心に宿すようになっていた。初歩的なミスで注意を受けることはほとんどなくなり、自分にできることの広がりに大きな手応えを感じていた。

一部の同期や先輩が仕事に耐えきれずに辞めていく中、昇進した私は無自覚に、自分は選ばれた一部の人間であるという意識を持ちはじめていた。自分は途中で逃げ出した奴らとは違う——己がどれだけ恵まれた環境にいたかを顧みずに、単純にそんな自意識が膨れ上がっていたのである。

当時私が所属していた部署においては工程管理業務、すなわちＰＭＯ業務と呼ばれるプロジェクトが多く存在していた。システム開発そのものをクライアントから請け負うのではなく、あくまでもSIer《エスアイヤー》と呼ばれる他の国内企業が受託したシステム開発の作業工程や成果物品質を第三者的に、クライアントの名の下に管理支援する仕事だ。

システム開発の進捗管理と品質管理を担うのであれば、通常システム開発に関する豊富な知見を有している人間が行うべきなのであるが、システム開発の有識者チームの一員として、私のような特にシステム開発の経験を持たないジュニアスタッフが参画することは、当時も今も一般的だ。

約10年前、中央省庁や金融機関のクライアントが利用する大規模システムでは、ウォーターフォール型開発と呼ばれるシステム開発の手法が主流だった。顧客が定義する要求に対して、設計を行い、設計通りに実装をし、テストを行う、という代表的なシステム開発のアプローチだ。〈要件や設計の変更はあまり発生しない〉という暗黙の前提をもとにした開発手法であるために、機動性と柔軟性を欠くという欠点を持っている。設計のドキュメンテーションを特に重要視するこの開発手法を取り入れたクライアントシステムでは、設計資料が何冊にも分かれたキングファイルに綴じられ管理されることになる。

高額のフィーを支払ってまでコンサルティング会社という外部リソースを使わざるを得なくなっているほどに通常業務が溢れかえっているクライアントの社員が、大量の設計資料を自分の目ですべて確認し、品質チェックを行うことは現実論として難しい。また、クライアント自身はそれらの設計資料の要諦《ようてい》を掻《か》い摘まんだ要約資料（ポンチ絵や一枚紙等と呼ばれる）を作成し、社内の上層部向けに概要を説明する役割を担っていたりするが、これらの資料作成は大きな負担となっており、コンサルティング企業はその業務を代行し、商機を見出していた。

当時の私を含むシステム開発の経験のないジュニアスタッフは、技術的な観点での品質担保はできないため、それ以外の形式的な部分の品質担保を担っていた。例えばクライアントが定める成果物フォーマットや関連する資料との整合性や、用語チェック等である。まだ精神的に未熟であった私をはじめ、多くの同年代のコンサルタントはこの言わば「監督役」ともいえる工程管理の立場に少しずつ精神を毒されていった。

コンサルタントは新卒からの数年間、情報を体系的・構造的に説明し、可視化するというわばロジカルシンキングを徹底的に叩き込まれた人間だ。それらの人間にとって、各パートナー企業が提出してくる資料はどこをどう見ても粒度がまばらであり、論旨も明快でなく非ロジカルに見えた。

当時の私はそれを見つけるや否や、1から100まですべてのつっこみどころを指摘しては悦に入っていた。ロジカルであることが正義だと信じていたのである。だらしない日本企業の悪しき風習の破壊者としての若きコンサルタント――そんな自己認識のもと、日々送られてくる資料に指摘を入れては返し、その山を見て仕事の功績と感じていたのだった。

そんな仕事の仕方は、関係会社、特にSIerと呼ばれるシステム開発を受託している会社との衝突を生んだ。資料を出せば山のように指摘がくるとわかれば、報告する側はなるべく提出する情報や資料を最小限にしようとする。しかも、提出にあたって何重ものチェックを社内でかけるようになったために、工数は肥大化しスケジュールは遅延した。

本来、スケジュールを納期通り、予算のキャップ（上限）通りにプロジェクトを着地させなければいけないはずのPMOであった自分たちこそが、スケジュールや予算の足かせとなっていることに気づかずに、視野狭窄《きょうさく》に陥っていたのだ。

いつものように関係会社の一社に大量の指摘を送ったあと、関係会社のリーダーである長谷川という男から強い口調で、「どう考えても指定された締切りに終わる量の依頼事項ではありません。相手のことを考えて依頼してくれているのであれば、そういう頼み方にならないのではないですか」と電話がかかってきた。長谷川は国内最大手のシステムインテグレーション企業に属する20年選手であり、叩き上げのエンジニアであった。

たしかな知識と経験に裏付けされた技術を持ち、一方で職人の親方のような風貌と口調が特徴的な長谷川は、頭でっかちでプライドが肥大化していた当時の若いコンサルタントたちにとって天敵とも言える存在だった。長谷川は、私の資料に対する指摘事項を「形式的すぎてシステムの実装にとってなんら影響のない瑣末なこと」と切って捨てた。

しかし、私は私で、品質管理という職務を担っている。それが形式的な指摘であったとしても誤りは誤りであると強く信じていた。当時の私は、長谷川の抗議の言葉を真剣に受け止めず、自らが陥っている沼にも気づかず、ただ今自分の場所から見えることを、見える範囲の正しさで行い、日夜仕事を続けた。

そうして多忙な日々が過ぎ去り、気づけばマネージャー昇進も狙える年次に差し掛かっていた。仕事に大きなミスはなかったし、ＰＭＯとしてのスキルであれば、社内スタッフの中ではそれなりのところに位置しているはずだという自負もあった。しかしそんな私の自惚れを打ち砕くように、キャリアカウンセラーは私に「ステイ」の評価結果を伝えたのである。

自分がマネージャーになるものと確信していた私は文字通りショックで言葉が出ず、その日昇進の報告をできると考えていた上司や同僚等に会うのがたまらなく恥ずかしかった。

その年昇進したのは、関係会社と敵対するのではなく、同じ目線に立ち、良好な関係を築きながら働いている技術的な役割を持ったチームの同僚たちだった。

その中のひとりである立川は、NTT系のシステム子会社から移ってきた転職組で、システムに関する知識が豊富で、細かい設計業務を担いながら、実際に開発を担当する長谷川たちとの連絡のハブとなる存在だった。立川は長谷川のチームから深夜に上がってくる質問事項を丁寧に読み解き、一つひとつ回答し、時には長谷川と共同戦線をはりながら厳しいクライアントからの期待値を調整しつつ、プロジェクトを前に進めていた。

一方の私はクライアントの指示とあればその指示が現実的であるかどうかを自分自身の頭で考えることもなく、右から左へ締切りを一方的に言い渡しては、長谷川たちに無理をさせていた。立川はそんな私の態度を見て、「本当に鬼だね（笑）」と少し悲しそうに声をかけてくれたことがあった。今になって思えばあの言葉はあまりにも一方的な要求を押し付け、プロジェクト全体の均衡を考えない私に対する彼なりの忠告だったのだろう。

立川は、プロジェクト全体が前に進むために、パートナー企業を管理するのではなく、一緒に考え前に進める仕事をしていた。そして彼はある力で戦うだけでなく、長谷川から多くの技術を吸収し、一つの専門性とも言える特殊スキルを身につけていた。

立川と私に対する会社からの評価の差を現実として見せつけられた時、自分にはプロジェクト全体の和を意識しながら前に進める力も、特出した専門技術も欠けていることに気づかされたのだった。

社会人3年目病に気をつけよう

赤子同然のような状態で入社したピカピカの新卒社員でも、特殊な環境で3年も鍛えられていると、少しずつだが仕事に習熟してくる。また、3年間の中で出会った人たちとの関係性の中で、一人で解決できない問題も、誰に訊けば問題解決するのかあたりがつくようになってくる。

このような習熟は大いに自信とすべきことだが、一歩間違うと慢心となってしまう。

当時、私が陥ったのは社会人3年目病とも言える季節病だ。仕事がそれなりに忙しく、結果も出せるようになった若手社員が陥りがちな現象だ。周囲に自分の忙しさを無意味にアピールしたり、忙しいことに文句を言いつつも、次々と仕事を求められる自分に酔っている状態で、あとから振り返るとかなり恥ずかしい。

　この疾患に罹患すると人間は放漫になる。自分にできる仕事ができない人を見下すようになってくる。慢心は油断を、油断は無配慮を、無配慮は周囲への不遜な態度を呼び込む。

　若手社員の中には、パソコンの操作でコピー＆ペーストをできない年配の方を見ると、無意識に能力のない人間だと見下す人間が出てくる。その程度の差異で、できる人・できない人とラベリングしてしまうような思考は、自ずと接し方や口調に表れる。表面上、取り繕《つくろ》っても、敬意のない人間の言動にまわりはすぐ気づくものだ。そんな一つひとつの振る舞いの綻《ほころ》びが人間関係の不信感へとつながり、関係者間に深い溝をつくってしまう。

　なかでも、クライアントの現場担当の社員や、システム開発を受託している協力会社のベテラン社員との接し方に注意したい。特に歴史の長いクライアント企業においては、長年工場で働き、熟練工としてのキャリアを築き上げている社員がいる。彼らは製品の品質を限られた時間と予算の中で極限まで高めるために改善を重ねているが、コンサルティング会社のスタッフの中には、彼らに対して自分とは異なる「現場の人」として接する人も少なくない。

　過去の自分への自戒を込めて強調しておきたいのは、コンサルタントがクライアントの上層部から与えられたミッションを持った中央・経営側の人間として振る舞い、現場の声や懸念点に十分な関心を払わずに、一方的な仕事の進め方をすれば、現場からの不信感は日々膨れ上がっていく。やがて、あらゆることに現場サイドの協力を得ることが難しくなり、窮地に追い込まれることだろう。

クライアントの業界・仕事への理解を深める

コンサルタント職に対するネガティブな評価として、「あいつらは現場のことを知らないのに机上で偉そうなことを言ってばかりだ」というものがある。この指摘を私たちは真摯に受け止める必要がある。クライアントの現場に向き合わず一般論ばかりを言うコンサルタントに対して、現場の当事者たちが心を開くことは決してない。

現場とのリレーションを深めるためには何よりも相手へのリスペクトが肝心だ。**クライアントの会社や業界がどのような歴史的経緯で発展し、今の事業を行うにいたったかをクライアント以上に理解し、その歴史と価値に敬意を払おう。**

アサインのタイミングで、クライアントに関連する本を少なくとも3冊は読み、基礎知識を押さえておくのは最低限のマナーだ。クライアントの業界における最新のトレンドを把握し、日経新聞の電子記事は用語検索やタグ機能を用いて最新情報が常に目につくようにしておくと良い。

特に現場からの叩き上げでマネジメント職にまで上り詰めた経営者は、同じ苦労を経験し、同じ目線を持った人間に心を開く。業界は違っても自分自身が現場で真剣にもがき、志を持って仕事をしている人間は匂いでわかるものなのだ。

また、若いうちに強みとなる専門分野を持つとその業界への理解が格段に深まり、将来にわたって武器となる。

私の場合、新卒の頃からなにかと無線通信系の仕事に縁があった。当時の上司たちは私に無線免許の取得を推奨し、実際、私は社会人1年目にアマチュア無線技士の免許を取得した。この資格は8年後、ある通信サービスのクライアント企業との仕事を行っている際に思わぬ形で役に立つこととなった。

マネージャーとしてチームを率いることになった私は、上司からクライアントの現場リーダーのひとり黒田さんとのリレーション開拓を命じられていた。黒田さんは無線業界を渡り歩く職人気質のエンジニアであり、技術に理解のない外部の人間に対して、心を開かないタイプだった。リレーション開拓に失敗した同僚たちは皆黒田さんの話す無線技術についての会話にまったくついていくことができず、心象を損ねていたのであった。

私が黒田さんにはじめてご挨拶に行った際、開口一番「無線局の開設には何が必要か知っていますか？」と尋ねてきたのである。私は咄嗟《とっさ》に「無線の位置や使用する周波数帯を記載した工事設計書でしょうか」とかつて勉強したことをもとに、回答した。するとそれまでムッツリとしていた黒田さんの表情がパッと明るくなり、以後、少しずつ腹を割って話してくれるようになった。オフィスですれ違うたびに、笑顔を返してくれる関係性を作ることができたのだ。

資格は思わぬところで仕事を救ってくれる武器になるので、興味のあるものでいいから若いうちの取得をおすすめしたい。もしも日々の仕事で資格試験にまで手が回らないのであれば、その業界を主題にした映画や小説を鑑賞し、感想をクライアントに「先日○○を見てみたのですが」と伝えてみるのも良い。

スーパーマーケットの裏側のドラマを描いた伊丹十三監督の映画『スーパーの女』や、航空業界の労務問題に焦点を当てた山崎豊子の小説『沈まぬ太陽』にふれることで、業界の歴史的な経緯や現場で働く人間の心情やプライドを垣間見ることができる。

クライアントが許可してくれるのであれば、率先して現場（売り場や工場等）の視察をしたい。クライアントがどんな点にこだわり、情熱を持って仕事をしているのかを知るには、現場を見るのが一番だ。働く人々の人柄や哲学をその目で見ることは、自分のアウトプットにリアリティを持たせることになるため、時間が許す限り、現場で何が起きているのかの一次情報は自分で刈り取りにいくと良いだろう。

マクロレベルでの把握の仕方

クライアントを取り巻くマクロの状況をクイックに理解するために、クライアントに関連する**政策や管轄省庁の動向や分科会の資料**は重要なインプットになる。

特に規制産業と呼ばれる領域では、関連法や国の政策の動向を押さえることが重要だ。移動体通信事業を生業《なりわい》とするクライアントである場合は、総務省が開催する国内の電波政策や携帯電話事業の規制に関する分科会の動向によって事業の将来性が大きく左右される。また、医療事業に関連したクライアントであれば厚生労働省が示す指針を押さえ、どのようなことが今後国内で起こっていくのかを分析しておくことも必要だ。

小売やアパレル等の業界においても、国内外のマーケットシェアや競合の動向のチェックは最低限しておきたい。秀和システムが発刊している「図解入門ビジネス」シリーズは業界別に情報の更新を定期的に行っており、大局観を短時間でつかむのに重宝するだろう。

テクノロジーの利用という観点で言えば、日本企業の実情は海外と比較して数年単位のレベルで遅れているため、日本の事例だけでなく、海外ではどのようなテクノロジーがクライ

押さえておくマクロトレンド	医療	通信	電力
関連法	●医療法 ●薬事法	●電波法 ●電気通信事業法 ●放送法	●電気事業法
政府の動向・分科会	●医療DX推進本部 ●オンライン利用促進のための取組 ●診療報酬改定	●Beyond 5G 推進戦略懇談会 ●情報通信審議会	●電力・ガス事業分科会（METI/経済産業省） ●総合資源エネルギー調査会
先端技術動向	●ウェアラブルや5Gと組み合わせた遠隔医療 ●ドローン技術の医療介護への応用	●6G/7Gといった次世代通信規格の標準化 ●自動運転、仮想現実等への応用	●画像解析とドローンによる保守作業の自動化

規制産業がクライアントの場合は、
関連法や政府の分科会の動向をマクロトレンドとして、押さえ、
他国におけるテクノロジー利用の事例も一般論として知っておく

図18　マクロトレンドの押さえ方

アントの業界で導入され、どの程度の効果が出ているのか把握しておきたい。

また、昨今はテクノロジーの急速な発達に伴い、TOYOTAとGoogleやAppleをはじめとする海外のメガテック企業が自動運転車両で競合関係になる可能性等、異種業界であった会社同士が新たに競合関係になったりすることもあり、クライアントにとっての将来的な真の脅威は誰になるのかを、自分なりの仮説を持って情報収集してみると面白いだろう。

こうした意識的な視点を持っていると、これまで何気なく読んでいた日経新聞の読み解きも格段に解像度が上がってくる。

また昨今ではChatGPTに代表されるＡＩを利用したサービスの精度向上も無視することができなくなっている。現時点ではＡＩの回答をすべてそのまま信じることはできないが、業界やクライアントについて一般的にどのようなことが言われているのかをＡＩを使ってクイックに調べるということも数年のうちには可能になると思われる。先端ツールをうまく取り込みながら仕事を進めよう。

ミクロレベルでの理解

クライアントの商品やサービスが自分自身の生活にどのような点で関わっているのかをつぶさに観察してみることもまた、大切な業界研究の一つになる。

例えばガスや電力のクライアントの場合、時々家に訪問してくる人たちはどのようなことをしていて、請求される金額はどのように徴収され、そのデータはどこで管理され、最終的にどの帳票へと反映されているのかを想像してみよう。街中で電柱の工事をしている人たちはクライアントの組織図のどの場所にいる人たちなのか、彼らはクライアントの事業のどのＫＰＩ（重要業績評価指数）に責任を持っている部署なのか等、普段目には入っているけれども深く考えてはいなかったクライアントの現場業務について、その意味合いを改めて考え、不明点はクライアントに聞いてみたりすると良いだろう。

また、現場におけるクライアント間のパワーバランスを把握することは、現場に張り付いているアナリストやコンサルタントにしかできない業務だ。

プロジェクトの長であるシニアマネージャーが、今のプロジェクトとは別に追加スコープの提案を誰かに持っていきたいとする。この時、現場を知らないシニアマネージャーは機械的にプロジェクトの体制図を見て、決裁権を持っているであろうB部長に話をしにいこうと考える。しかし、B部長は基本的には部下の主張や当事者意識を尊重するタイプの人であり、実質的な現場リーダーはC係長であったとする。

このようなケースにおいて、C係長の存在、そしてC係長を説得すればB部長の決裁は手続き的に終わるであろうことをシニアマネージャーにインプットするのは現場にいるコンサルタントだけができる仕事だ。こうした動きこそ、プロジェクトを大きく助ける。

加えて、クライアント個人の個性の把握も大切だ。調整をミスらない、会議のアジェンダを外さない、と言われる人は、なぜそれができるのかを考えたことがあるだろうか。

私もかつて会議のアジェンダをよく外し、お通夜さながらの雰囲気を作り出すことがあった。自分としては練りに練ったアジェンダを持参し、十分に推敲《すいこう》したはずなのに、実際に会議をやってみるとどうにも盛り上がらないのだ。

これが改善したのは、出席するクライアントのパーソナリティをイメージできるようになってからだ。親しい友人や家族間で会話が円滑なのは、相手の人となりやどのような情報であれば興味を持ち、どう言えば不快に思うのかを理解しているからだ。

初見の場合、情報は限られがちだが、クライアントの上役であればあるほど、何かしら過去に取材された記事がWebなどに出ている可能性はあり、そこで何が語られているかで、この事業を通してどういう世界を実現したいと思っている人物なのか、あたりをつけられる。

SNSも有用な情報収集ツールだ。TwitterやFacebookで公開されている情報を集め、その人が生きてきた時代背景やキャリアの変遷を想像しよう。LinkedInに略歴が載っていれば非常に重要なインプットとなる。

エンジニア出身のクライアントであれば技術にこだわりを持っている可能性が高く、その場合はテクノロジー有識者を揃えて臨むべきである。こちらの技術に対する造詣の深さを示すことができれば、リレーションの深まりを実現できるかもしれない。

Facebookや社内SNSのアイコンがマラソンやフットサル、音楽活動を行っている写真である等、特定の趣味が明らかなクライアントの場合は、それらの話題はリレーションを深めるための有効な一手になり得る。そんな日常的な会話で相手の心がほぐれたタイミングで、今業務上気にしていることや課題感をそれとなく聞き出すと、どんな情報をどんな解像度で聞きたい人なのかを知る手がかりとなる。

カウンターパートとなるクライアントが最近、別会社から入社してきている場合は、その

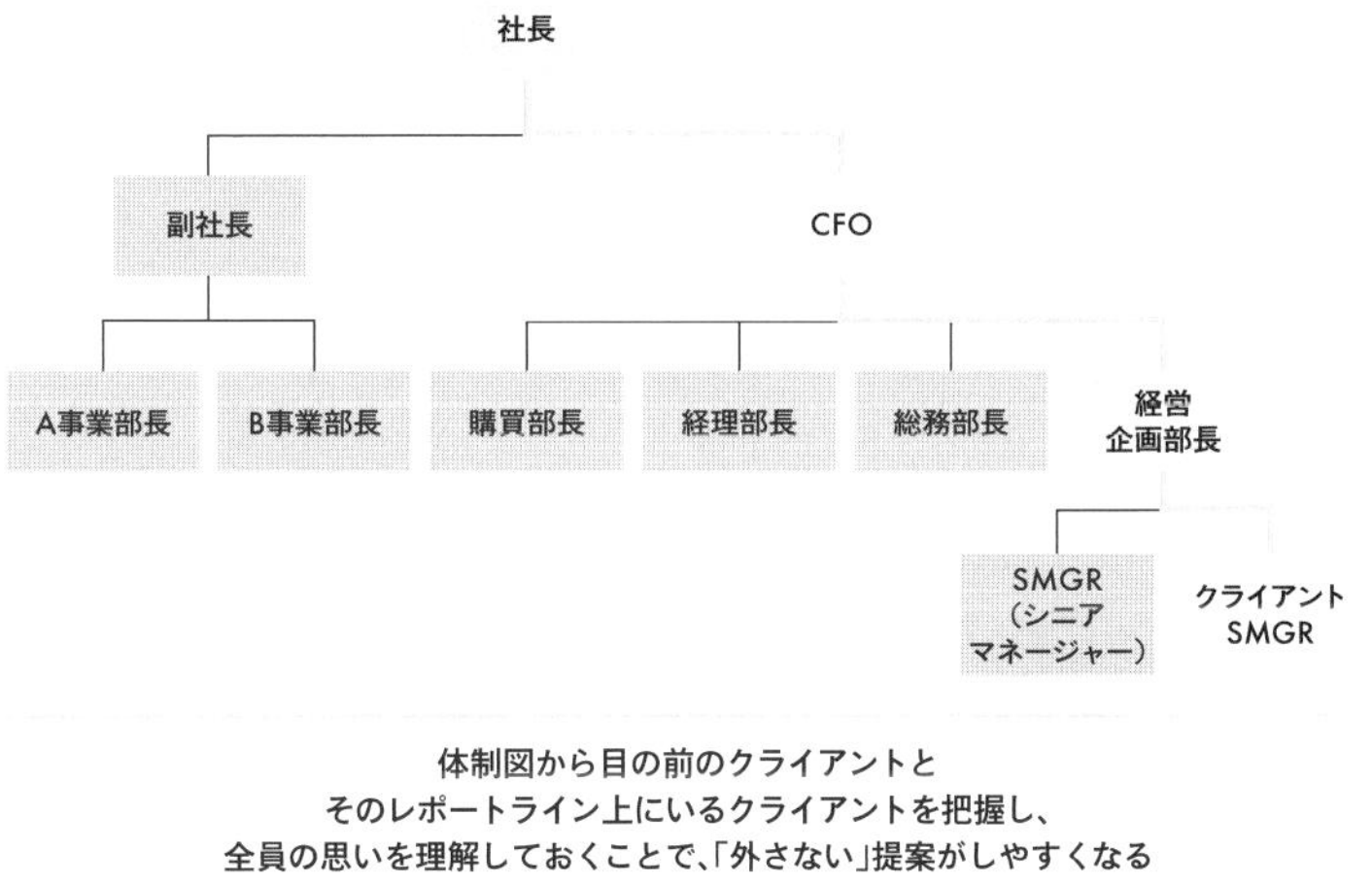

図19　体制図の見方

クライアント自身もまだ会社の中のルールや慣習に慣れていないことが多く、そうした場合はチャンスだ。社内にどう溶け込むのかを探っている最中でコミュニケーションの相手が不足していることが多いので、議論の相手になることで、長期にわたる信頼関係を築いてゆくきっかけとなる。プロジェクトの経緯や背景など、必要な知識を積極的に提供すると重宝がられるだろう。

クライアント内の組織体制図も、クライアントの心情を知る重要なヒントとなる（図19参照）。体制図に表れているのはズバリ**「レポートライン」**だ。

そのクライアントは最終的に誰にどういう報告をしなければいけない人なのかを読み取る。カウンターパートのクライアントもサラリーマンであり、何かしらの報告義務を抱えている。経営陣であっても、顧客や株主への説明責任がある。これらの義務はクライアントが「今したいこと」「聞きたいこと」に如実に反映される。

明日、自分が誰かにうまく説明しなければいけない何か重大なイベントがある時に、関係のない話をされたら人間は不機嫌になるが、まさにそこで使える有益な情報であれば身を乗り出して聞いてくるものだ。相手のニーズを想像し、話の準備をしよう。

実際の打合せで、クライアントから予想外の発言が出たら、それは相手をよりよく知るための重要なヒントだ。その言葉は自分が見落としてきたクライアントが気にしている〝何か〟であり、その重要度は高い。もしその発言の趣旨がわからないのであれば、「今おっしゃっていた○○○って、こういうところを気にされている感じですか？」といった形で、その言葉の真意を拾い上げよう。

企業の組織一般に関する知識

新卒から生え抜きで育っているコンサルタントはプロジェクト単位での働き方しか知らないため、クライアント企業における一般的な組織ごとのミッションや業務内容を理解してい

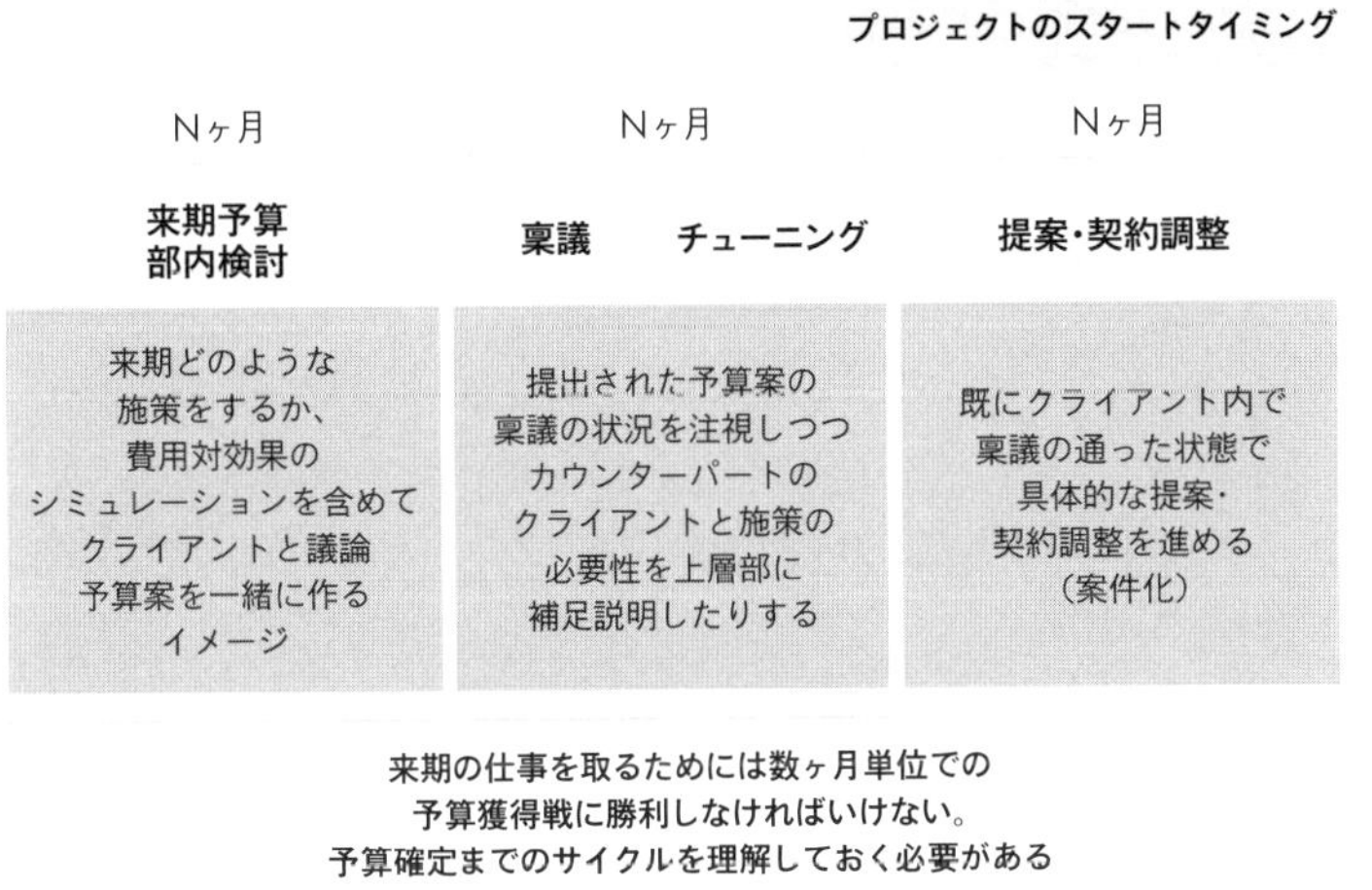
プロジェクトのスタートタイミング
Nヶ月
Nヶ月
Nヶ月
来期予算
部内検討
稟議　チューニング
提案・契約調整
来期どのような
施策をするか、
費用対効果の
シミュレーションを含めて
クライアントと議論
予算案を一緒に作る
イメージ
提出された予算案の
稟議の状況を注視しつつ
カウンターパートの
クライアントと施策の
必要性を上層部に
補足説明したりする
既にクライアント内で
稟議の通った状態で
具体的な提案・
契約調整を進める
（案件化）
来期の仕事を取るためには数ヶ月単位での
予算獲得戦に勝利しなければいけない。
予算確定までのサイクルを理解しておく必要がある

図20　決算期のサイクル

ないことが多い。

経営企画部、購買部、会計部、広報部、人事部等、どの会社にも存在しているような組織が一般的にどのようなミッションを持っているのかを知らないままにクライアントに何かを提案しても、一方的な妄想を押し付けているにすぎなくなってしまう。

また、クライアントの**決算期のサイクル**や**意思決定プロセス**を押さえておくことも重要だ。通常、企業は事前に年度予算を定めているものであり、コンサルティングに対してどの程度金額を投下するのかもそのタイミングで決まっている。もし将来、より大きな関係をクライアント企業と結びたいのであれば、予算の中に自分たちのプロジェクトの青写真を事前に打ち込み、概算予算を確定しなければ、将来の関係を築くことはできない。

　年間を通して大体どのあたりでクライアントの来年度予算の検討がはじまり、その決定はどのようなプロセスを経て確定するのかを普段からクライアントとの何気ない会話の中でヒアリングしておき、「じゃあこの間話したあの件、やるならこのタイミングで予算化しておかないと難しいわけですね……」とそれとなく誘導するような動きが、管理職の卵たるジュニアコンサルタントには求められはじめていることを覚えておこう。

エンジニアとコンサルタントの立場の違い

　昨今のコンサルティング会社の仕事をテクノロジーと切り離して遂行することは不可能だ。マッキンゼーやボストンコンサルティンググループといった戦略コンサルティングを売りにした老舗企業においても、テクノロジーに特化した部署を新設しており、技術に関する知見の強化を進めていく大きな流れがある。

　さらに守備範囲の広い総合コンサルティング会社では、多大なコンサルティングリソースを必要とするクライアントの基幹業務システム刷新のプロジェクトに関わる可能性が高い。そのため、コンサルタントの多くがキャリアの中で一度はＳＡＰ等の基幹システム導入を例としたシステムインテグレーションに関するプロジェクトに何らかの形で携わることになる。

さて、アナリストからコンサルタント職になると特定の担当領域を任され、チーム全体の進捗や品質についてコミットメントを求められる場面が増えてくるだろう。

この時、システム開発が関連しているプロジェクトは、いわゆるコンサルタント職の同僚のみならず、プログラミングを通して実際に開発や運用を行うエンジニアの同僚や協力会社の社員とチームを組んでプロジェクトを推進することになる。

コンサルタントとエンジニアによって構成されたチームは、通常コンサルタントが、社内外に対してのコミュニケーションのハブとなる。そのため、コンサルタント職の人間はエンジニアの同僚や協力会社の作業の進捗も含めて取りまとめ、プロジェクトの状況を「可視化して報告」する役割を担うことが多い。

この際、問題になるのは、技術的な素養のないコンサルタント職が、技術的なバックグラウンドを持つエンジニア系の同僚の生産性を可視化し、管理しなければならないということだ。プログラミングを実際にしたことがない人間が、一体どのようにその開発の進捗や生産性を管理すれば良いのか？

結論から言うとできないのだ。コンサルティング会社の社員には自分自身を全知全能のように勘違いしている人間も多く、運悪くそういう人間が上司にいたりすると「普通にできるでしょ」と言われる場合もあるが、自分ができない作業の生産性を正しく評価し管理することはできない。

私もＰＭＯロールを担った際、協力会社の出してきた開発の見積りやスケジュールの見込みが本当に正しいかどうかについて、その正当性をロジカルに評価し、問題点を炙り出すことにトライしていた。例えば１つの機能のプログラムを書くのに１日分の開発作業とテスト作業が必要なのであれば、５つの機能のプログラムであれば５日分、というような塩梅だ。

しかし、現実にプログラムを書くエンジニアからすれば、このような見積りは絶対にありえない。一つひとつの機能は異なるため、その複雑さに応じて開発やテストに必要な時間も異なるし、中核を担う重要なプログラムであれば１つの機能の開発だけで３日、さらにテストで３日ということも十分にあり得る。また、先端的な技術を取り入れる場合、その技術が想定した環境の中で動かなかったり、主要メンバーが実はそれほどの技術力がなかったりといったトラブルは日常茶飯事で、ある程度正確な予測を立てるためには、実際にそのメンバーたちである程度の期間、開発をしてみた上での評価が必要になる。

事業会社のように同じメンバーで長い時間チームとして働いてきたエンジニアチームの長であれば高い確度で見積りを作れもするであろうが、コンサルティング会社はプロジェクト内の人の入れ替わりが頻繁に発生し、かつ期間の定められたプロジェクト単位で働く性質上、

（特にプロジェクト初期の段階において）見積りは不確実な前提のものにならざるを得ない。

だが、ＰＭＯロールの担当は常にクライアントや社内に対して状況の報告や説明責任を負う。そのため、将来の見通しがわからない状態は強いストレスとなるだろう。

しかし、無理にエンジニアに対して「前提を置いてでも、いついつまでに終わると、言えないんでしょうか？」といった一方的なコミュニケーションをとっても関係性が拗《こじ》れるだけだ。しっかりとした仕事をしようとしているエンジニアであればあるほど「まだできるかわからない」という回答をするであろうし、約束された納期がほしいコンサルタントとは永久に平行線になってしまう。このような進捗に関わる管理を強要すると、エンジニアのモチベーションを日に日に削り取っていってしまうだろう。

チーム全体が一つにまとまり、クライアントに対して最大の価値提供を目指そうとするのなら、このような場面でのコンサルタントの仕事は、**エンジニアを形式的な管理業務の煩雑さから解放し、彼らに作業に集中してもらうこと**だ。

作業が終わるかどうかがわからない状態なのであれば、どのような進め方が最もエンジニアにとって快適であるのかをコミュニケーションし、それをサポートする動きをしよう。作業時間の必要性を社内やクライアントにうまく説明するのもコンサルタントの役割だ。不明瞭な前提でエンジニアから納期を強引に刈り取ったとしても、その期日で期待された品質のものが上がらないのであれば、まるで意味がない。

現状はいつまでに終わる見込みとして作業をしているが、実現できない場合には、こういう対応をしていく、というそれらしい説明の仕方を自分で考え、上司と議論し、クライアントを説得しよう。

コンサル特有の口の利き方をしない

新卒からコンサルティング会社で働き、他の会社での勤務を経験することなくコンサルタントになった社員は既に数年間、コンサルタントとして特殊な訓練を受けてきている。そのため、コンサルタントとしてのコミュニケーションに特化した脳の構造と物の伝え方になっている。

そういう社員は、世間の中では極めて特殊な思考プロセスを身につけた、ごく一部の人間であるということを自覚してほしい。コンサルティング会社内での常識が外に出れば伝わらないことは日常茶飯事だ。

「イエスかノーかの二択で答えて」「結論から話して」といったスピードに重きをおいたコミ

ユニケーションは社内では当たり前でも、一歩業界の外に出れば周りの人の心象を害するだろう。クライアントからしたら、コンサルタント独自のカルチャーや思考プロセス、コミュニケーション方法など知る由もない。極端に効率性を重視したコミュニケーション法が、結果として自分の視野と精神を狭めてしまうこともあるのだ。

数年ほど会社にいれば、他業種から転職してきた中途採用の社員や、バックグラウンドの全く異なる業務委託の社員や派遣社員と一緒に働くこともあるだろう。そうした多様な経歴や背景を持つ関係者を束ね、クライアントにチーム全体として価値提供ができるようにすることが、ジュニアコンサルタントが担うチームリーダーとしての役目だ。

リーダーの仕事は、チーム全員のポテンシャル、長所を活用してはじめて成り立つ。コンサルタント的なコミュニケーションや資料の作り方を、背景の異なるメンバーに決して強要することがあってはならない。

リーダーがチームメンバー全員の個性とバックグラウンドを理解し、できるかぎり特性に沿った活躍をしてもらうように敬意を払ってこそ、優れた付加価値は生まれる。

第7章

「前提を疑え」

——「言われた通りにやりました」に潜む罠

ブルシット・ジョブとは、被雇用者本人でさえ、その存在を正当化しがたいほど、完璧に無意味で、不必要で、有害でもある雇用の形態である。

——デヴィッド・グレーバー／酒井隆史他訳『ブルシット・ジョブ　クソどうでもいい仕事の理論』

ブルシット・ジョブを嗅ぎ分けよう

一般的にジュニアコンサルタントに期待されることの一つに、自分自身が担当している領域について、上司であるマネージャーよりも深く細かく現場の状況を理解し、必要に応じてマネージャーに対して提言を行うことがある。

既に数年間の実務経験を積んでいるジュニアコンサルタントは紛れもなくコンサルティン

グ会社の即戦力であり、担当領域の〝顔〟としてクライアントの前に立てるプロフェッショナルでなければならない。そのため、ただ言われた通りに仕事をする次元を脱し、一人のプロとして社内外から認められるためのわかりやすい武器を持つことが求められる時期だ。

そして強い当事者意識と俯瞰《ふかん》した視点からプロジェクトに臨み、**仕事が「ブルシット・ジョブ」（クソどうでもいい仕事）になっていないか、検証する必要がある。**

2020年に亡くなった人類学者デヴィッド・グレーバーが死の直前に発表した『ブルシット・ジョブ』は、コンサルティング業界にも大きな衝撃を与えた。グレーバーは、現代の資本主義社会で本来高い生産性を期待されるべき頭脳労働者が、苦行ともいえる本質的価値のない仕事に多くの時間を費やしてしまうメカニズムを痛烈に批判している。

一九三〇年、ジョン・メイナード・ケインズは、二〇世紀末までに、イギリスやアメリカのような国々では、テクノロジーの進歩によって週一五時間労働が達成されるだろう、と予測した。かれが正しかったと考えるには十分な根拠がある。テクノロジーの観点からすれば、これは完全に達成可能なのだから。ところが、にもかかわらず、その達成は起こらなかった。かわりに、テクノロジーはむしろ、わたしたちすべてをよりいっそう働かせるための方法を考案するために活用されてきたのだ。この目標のために、実質的に無意味《ポイントレス》な仕事がつくりだされねばならなかった。とりわけヨーロッパや北アメリカでは、膨大な数の人間が、本当は必要ないと内心考えている業務の遂行に、その就業時間のすべてを費やしている。こうした状況によってもたらされる道徳的・精神的な被害は深刻なものだ。それは、わたしたちの集団的な魂《コレクティヴ・ソウル》を毀損している傷なのである。

デヴィッド・グレーバー『ブルシット・ジョブ　クソどうでもいい仕事の理論』

現代の代表的なブルシット・ジョブの一つとしてコンサルタントも槍玉に挙がるが、本書をはじめて読んだ時、私はジュニアコンサルタント時代におかしたある失敗のことを思い出した。それは「言われた通りにやってれば良い」という、プロ意識を欠いた思考のために自ら招いた地獄だった。

前提を疑う

先に「論点思考」でも少し触れたように、クライアントや上司からの依頼内容を前提から疑い、その依頼がクライアントが求めている問題解決のために本当に正しい選択なのかどうかを判断することが、指示されたことを速く正確に行えばいいアナリストとコンサルタントとの大きな違いと言える。当初のオーダーがそうだからといって前提が間違ったままプロジェクトを押し進めると、取り返しのつかない無駄が生じることがある。

私はジュニアコンサルタント時代に、とある独立行政機関向けに、日本に導入されたばかりのマイナンバーに関する取り扱いの手順を設計し、ドキュメント化する仕事をしたことがある。

例に漏れず、非常にタイトなスケジュールが切られており、納期までに数百ページに及ぶドキュメントをドラフト化し、クライアントの確認をもらった上で納品する必要があった。この仕事そのものは将来的に国民の利便性を上げる意味のあるものと信じていたが、まだ制度そのものに検討事項が数多く残っていた状態だったため、私の書いたドキュメントにも曖昧な記載とせざるを得ない部分が多く残されていた。

本来、近い未来に更新されることが予定されている箇所は、クライアントの確認もそれほど重点的にしてもらう必要はない。現時点で完成できている箇所と今後更新される箇所を明確にした上で、後者の更新作業を誰がどのタイミングで行うのかを決めれば良いだけだ。

しかし、当時の私は、役務として定められている自分の仕事の完成を急ぐあまり、現時点で完成することが不可能なドキュメントを、「完成品」としてクライアントに提出し、強引に承認を取ろうとしてしまったのだ。当然、不明瞭な箇所が多く残ったドキュメントを手渡されたクライアントは大混乱した。

この場合、**「ドキュメントを完成させる」という前提条件を疑う必要があった**のだ。確かにそれは私に与えられたミッションだったが、完成させることが構造的に不可能な案件であることに気づいた時点で、プロジェクトの軌道修正を行うことができなかった。

結果的に、多大なブルシット・ジョブをクライアントに強いることになってしまったし、混乱した状況を上司の解決に委ねるという情けない結果になってしまった。

つまるところ、クライアントを含むプロジェクト全体を見て、我々はどこへ向かっているのか、何をなぜ成す必要があるのかを徹底的に考え、現在の作業計画の有効性・妥当性に照らし合わせて舵取りをすることが必要なのである。

様々なクライアントの抱えた無理難題にコミットするコンサルタントの仕事は、道筋を間違えると本質的な価値をなにも持たない、ただ暴力的な忙しさだけが生まれるブルシット・ジョブへと転落してしまう危険性を常にはらんでいる。

もしあなたが今しようとしている仕事の意味に少しでも疑問を持ったのであれば、仕事の前提を上司やクライアントと議論し、チーム全体の作業の方向性を修正していくことが求められる。今ひいてあるスケジュールは既に現実的ではなくなっているのかもしれないし、そもそもチームの役割分担が実態と合わないものとなっているのかもしれない。それは既に存在しているWBS（Work Breakdown Structure）やExcelの管理簿には表れないが、その向こう側にある問題に意識の焦点を当てる必要がある。

「みなさん、暇そうですね」

もうひとつ、前提を疑うことの重要さを学ぶきっかけとなった印象的なエピソードを紹介しよう。

ある日私はとあるクライアントから「最近、営業成績が伸びずに悩んでいる。貴社の有識者の方に意見をいただけないか」という依頼を受けた。当時私は営業領域に関する知見を持ち合わせていなかったため、社内の有識者に事情を話し協力を仰いだところ、中谷さんという戦略部門のディレクター（部長職級にあたる）が会議に同席してくれることとなった。

中谷さんとの席で、クライアントは現状について説明しはじめた。

「最近の営業成績の鈍化の原因を知るために、営業部隊のデータを色々と眺めて分析しているが、なかなか示唆を出すことができない。何か分析の手法として先端の事例があれば教えてほしい」

中谷さんは少し間を置いて話しはじめた。

「入り口から会議室まで移動するとき、オフィスの中を観察しながら歩いたんですよ。営業のみなさんの席は、あのエリアですよね。失礼なことを言うようですが、みなさん随分暇そうだなと思いまして。御社の営業ってお客さんの所に行かないのでしょうか？　データ分析も必要だと思うのですが、日中のこの時間に、営業の人がこれだけ席に座って事務作業しているのっておかしいと思いませんか？　私が過去インターンをしていたリクルート社では日中席に座ってる営業は無能だと言われていましたが」

コンサルティング企業の花形部署である戦略部門のディレクターとはいえ、あまりにも不躾《ぶしつけ》なのではないかと冷や汗をかきながら話を聞いていたのであるが、クライアントの方を見るとその表情は感動で溢れていた。

クライアントは「まさしくそうです。小細工ばかりに時間を費やし、本来顧客とのコミュニケーションに時間を投下すべき営業に事務の負担を強いていたのかもしれないと、今気づくことができました」と感謝を述べたのだ。

中谷さんはほとんど時間を使うことなく、クライアントからの依頼の前提を疑い、〝目の前にあるにもかかわらず気づくことができていないより大きな問題〟に焦点をあてることで、自社のメンバーとクライアントがブルシット・ジョブへと陥る事態を回避させてみせたのだった。

小さな違和感でも無視しない

無駄な仕事の発生を避けるために、小さな不安は種のうちに摘んでおくべく具体的な行動をとる必要がある。

嫌な予感ほどよく当たる、というのはコンサルティングの仕事において特に顕著だ。なんとなく気持ち悪さを感じていながらその気持ち悪さを言語化しないでいると、1週間後に取り返しがつかないことになっている、ということは非常によくある。

簡単な事例を挙げるなら、クライアントとの会議に向けて社内で上司たちと事前打合せをしている際、数日前にこれを伝えようと話していたトピックが一切触れられていなかった。翌日クライアントとの会議後、「あれ？　今日ってあの件も含めて話さなくて良かったんだっけ？」と皆で慌て、クライアントとの会議を再設定せざるを得なくなるといったケースである。

このように気持ち悪さの勘を無視したが故の失敗を、誰もが経験したことがあるのではないだろうか。後々の大きなトラブルを未然に回避するためには、どんなに小さな違和感であっても、言語化し、その違和感の正体を見極めるようにしたい。

特に、上司が認識できていなそうな、自分だけが気にしている違和感がある場合は要注意だ。それが良いことであっても悪いことであっても、Teamsやメールですぐに共有する必要がある。その事象が持つ意味合いを一人だけで解釈するのは危険だ。

自分自身の持っている情報だけでは機能しないが、上司が既に持っている情報と自分が手にした情報を組み合わせると、プロジェクトにとって非常に重要な意味を持つ情報になる可能性がある。

例えば、明日の会議にA係長というクライアントが出席しない、という話を耳にしたとする。自分が見えている会議の中のアジェンダのみに限定すれば、これ自体はさほど大きな意味を持たない情報である。しかし、上司は他のチームのアジェンダにおいて、A係長のサポートをもらいながら、B部長に対して何かしらの重大な決裁を迫ろうとしているかもしれない。情報を共有しないと、B部長の決裁は予定通りもらうことができず、スケジュールに重大な遅延をもたらし得る。これは情報が共有されないと上司はわかり得ないことだ。

ネガティブであることが明らかな事象についてのエスカレーションは、一切の時間的・手段的な配慮・遠慮は不要だ。上司へのチャットや電話等の手段、時間帯にかかわらず行うこと。深夜早朝であっても同様だ。仮に大袈裟すぎると後で小言を言われたとしても、言わずに問題が爆弾化するよりはるかにましと言える。

慢性的な忙しさを放置しない

プロジェクトという閉鎖的な環境の中で黙々と働いていると、勤怠管理の感覚がだんだんと麻痺してしまい、前提を疑ったり、小さな違和感を言語化するための心理的な余裕が失われてしまいがちだ。「こんなにも毎日頑張っている」ということが作業を正当化するような状態になり、その前提を疑うことは日々難しくなっていく。

もう少し無理して深夜まで働けば終わるかもしれない、という状況も毎日続けば、仕事の見積りや計画として既に破綻している。そんな状況がチームにおいて常態化しているような ら、ジュニアコンサルタントとしては、変化の一手を考えるようにしたい。

1 今の忙しさは一過性のものなのか、それとも過ぎ去る見込みがないのかを考えてみる。一過性のものであるならばいつまでか、定時からはみ出す分の稼働は労務として問題のない残業時間内に収まっているのか、代休で消化可能なのかを検討しよう。労務面の手続きが必要な場合はすぐに上司を通じて申請を行おう。

2 忙しさが一過性のものでない場合、忙しさの構造的な理由を考えよう。自分だけが忙しいのか、チーム全体やクライアントも含めて忙しいのか、一歩引いて俯瞰して見てみたい。特定の個人に忙しさが偏っているのであれば、マネージャーに作業分担を相談する。会社全体、あるいはクライアントも含めてプロジェクト全体が忙しい場合は、その根本原因を見極めよう。本来は出席する必要のない会議で時間をロスしていないか、チームがやらなくても良い作業までやっていないかを徹底的に洗い出し、見直しの相談をするとよい。

3

作業の前提がそもそも誤っていないか、予期せぬトラブルの発生源になっていないか考えよう。その問題は自社内で解決できるものなのか、クライアントを含めての調整となるのかを見極める。例えば事例やソリューションの調査に時間がかかっているのであれば、社内の有識者の時間を毎週1時間ずつもらえる調整が可能かを探りたい。また、業務ボリュームの多い作業を洗い出し、その自動化が可能な場合は、スポットで自動化を行うエンジニアの助力をもらえるか相談してみると良い。

こうした社内的な工夫ではどうしようもない場合、クライアント側との調整を試みよう。この相談は必ずマネージャーからする必要があるが、アイデアは現場にいるコンサルタントとしても積極的に出したい。

特に、クライアントから特段コンサルタントがやる必要のない業務の一部をお願いされ、断りきれずにやってしまっている、ということがよくある。クライアントの社内にある会議室の予約や、資料のメンテナンス等、「変革」に結びつかない些末な仕事まで引き受けてしまっているなら、それを一部クライアントにお戻しする余地はあるだろう。

また、昨今減ってはいるが、資料の印刷には時間がかかるため、紙資料での会議運営をしているのであれば、電子で投影する等の方法を提案してみよう。加えて、クライアントとの定例会資料等が必要以上にリッチになっていないかは再度チェックしてみる必要がある。「変革」のために必要な資料はリッチな進捗報告資料ではない。もしも定例会の資料作成に多くの時間を割かれてしまっている現状があるならば、Wordファイル等、簡易なフォーマットでの報告形式とさせてもらえないかなど、交渉してみると良いだろう。

武器となるスペシャリティ(専門性)を持とう

ジュニアコンサルタント時代に意識したほうが良いのは、社内外からの信頼を得るために、わかりやすく自分の武器となるスペシャリティ(専門性)を持つ、ということだ。一般的にどのような武器の種類があるのかを以下に紹介したい。

1　特定の業務領域に対しての専門性

一般的に、企業という社会活動の単位には共通する機能が多く存在している。会社の組織図を見れば、購買部、経理部、総務部、情報システム部、事業企画部、広報部、法務部、製造部、営業部、物流管理部といったセグメントが存在する。そしてこれらの部署でやることはどの業界かにかかわらず、共通項がある。

購買部であれば、特定の物品をどこからどのように調達するのかの計画を立て、より安く、安定的に購入するためのルートや戦略を検討している。また、物流管理部であれば、需要と供給の弁となりつつ運送と物品の保管費用を最適化するための検討を日々重ねている。そのような特定のセグメントに焦点を当て、スペシャリストになっていくキャリアがある。購買や物流管理、という横のカットで様々な業界のクライアントのプロジェクトに参加すると良いだろう。

また、その業務で使用されることが多いシステムを複数実際に利用し、システムごとの特徴、強み弱みを把握しておくと良い。営業でよく使われるシステムとしてはSalesforce.comやkintoneといったSaaS製品が一般的だ。それぞれの機能を把握し、どのようなクライアントに対して相性が良いのか、自分なりの意見をまとめておくと良いだろう。

図21　スキルの伸ばし方

2　特定の製品ソリューションに対しての専門性

特定課題の解決策となり得るソリューションのスペシャリティを持つことも一つのキャリアの方向性になる。古くから存在するＳＡＰやOracleといったＥＲＰ製品に加え、Salesforce や Anaplan、Microsoft Azure、ＡＷＳ（Amazon Web Services）やGoogle Cloud Platform 等のSaaSやクラウドソリューション等も、昨今ではコンサルティング会社を支える武器となってきている。積極的に会社の研修やトレーニングに参加してこうしたテクノロジーを学び、武器にすると良いだろう。これらのソリューションのトレーニングは１つの講座につき数十万円という参加費用を要することがあり、会社からの補助で受講できるのであれば、ぜひ利用しておきたい。私の同僚には、20代にして十数種類存在するＡＷＳのすべての認定資格を網羅した猛者もいた。

また、この分野のスペシャリティを身につけていく際の注意点としては、コンサルタントとして、経営者に対してプレゼンテーションできるような俯瞰した目でソリューションを説明できる必要がある。コンサルタントとしてキャリアを歩む以上、この製品ソリューションを用いることで経営にどのようなインパクトを出すことができるのか、をわかりやすく説明できなければならない。そのためには、一つの製品のみならず、複数の製品を使い分け、製品ごとの長所と短所を比較してみる経験も必要となってくる。なお、これらのテクノロジーに関する強みを持つと、転職時においても強力な武器になり得る。

3　特定業界の専門性

コンサルティング会社の多くは特定業界に対して、専門性を有するグループを持っている。自動車業界、医療業界、航空業界、移動体通信事業、というような単位だ。各業界の世界のトレンドや国内の法制度についての知識、業界キーマンの動向等、業界内部の動きに高いアンテナを持ち、次の一手をマクロのレベルで先読みできるようなタレントを示す。この領域に関して、コンサルティング会社は通常、中途採用でその業界の中にいる人間を引き抜く形で戦力補充を行うため、コンサルティング会社の生え抜き社員がこの専門性を持つようになることは稀である。自分が将来この業界で戦いたい、という確固とした意志があるのであれば、目指してみると良いだろう。

キャラは積極的に売り込み、昇進のための材料にする

自分は今後どのようなスペシャリティを磨いていくかを意識しつつ、自分の強みはしっかりとブランディングし、社内に売り込むことを忘れずにいたい。もし会社内で昇進をしたいのであれば、自分はどのような環境であれば活躍ができるのかをキャリアカウンセラーや上司に対して定期的に説明しよう。

通常、コンサルティング会社では年次ごとに評価会議が行われ、上位の役職者が下位の役職者の評価について話し合う。この際に、強みがない、あるいは強みが社内で認識されていない場合、評価会議の場で「こいつって、結構頑張ってるけど、具体的に何ができる人なんだっけ……？」という残念な印象だけが残ってしまうのだ。

自分の仕事のブランディングには様々な形があっていい。

一つ例を挙げよう。かつて上司であったプリンシパル（専門性の高い上位職）のタニさんは

中途採用でいわゆる事業会社からやってきた人であった。彼は通常のコンサルタントのシニア層としては驚くほどプレゼンが下手だった。一緒に働きはじめた当初、私は彼がクライアントの役員クラスの前で説明するのを冷や汗をかきながら聞いていた。そのプレゼンは私が新卒時代から学んできた〝禁じ手〟が多く含まれていたし、聞き方によってはクライアントを苛立たせてしまうのではないか、という喋り方であったからだ。そして、彼が用意する資料もお世辞にも美しいとは言い難いものであった。

しかし、クライアントは彼を指名し続けた。そのクライアントだけではない。とある業界の大手は全社、彼を指名して離さないのである。彼の価値は上手なプレゼンでも綺麗なスライドでもなく、業界に関する網羅的かつ底知れない圧倒的な専門性にあったのだ。

彼に出会ったことは、私の中でのコンサルタントの「あり方」を大きく拡張してくれた。プレゼン用の紙は別の誰かが書けば良い。彼はただ、ひたすら自身の専門性を磨き続けることで、クライアントにも、会社にも最も貢献する道を選んでいたのである。

自分の折れないラインを持つことが大事

ジュニアコンサルタントは自分自身が持つ領域に関してはクライアントとの前線の最終防

衛ラインにいる、ということを忘れたくない。自分がいる領域で何かトラブルがあった場合、それはクライアントからチームに対してのクレームに発展するリスクを背負っている、ということだ。

そのため、自分自身が作成するアウトプットに関しては、上司やクライアントから何かしらの反対意見があった場合であっても、簡単に引き下がってはいけない。これは他人の意見を聞かない、ということではなく、一度自分の出した意見に対して説明責任を持つ、ということだ。

最終的に上司やクライアントの意見を取り込むにしても、**自分にとってはこれがベストである、という明確な根拠を持って、一度は説得を試みよう。**反対意見に簡単に屈するような提出物であれば最初から出さないほうが良いのだ。意見をもらったら、自分自身が納得できる取り込み方を模索しよう。

かつて私は長いものに巻かれる主義の人間であったために、クライアントや上司が自分の考えとは反対の意見だった場合、基本的には彼らの考えを尊重するようにしていた。柔軟な対応が取れる人間であるとプラスの解釈をしていたのだが、ジュニアコンサルタントになって以降、「なんで簡単に自分の意見を変えちゃうの?」と言われることが増えていった。クライアントと上司がジュニアコンサルタントに期待する姿勢は、一人のプロフェッショナルとして議論ができる関係性であって、単に言われた通りに作業してもらうことではないのだ。

その後、少しずつ、自分としてはこれに基づいてこう判断をしている、ということを面倒くさがらずに説得する癖をつけたところ、相手から「そういう事情があるなら」「そこまで考えた上で言ったのなら」と意見を変えてもらえる場面が多くなっていった。簡単に意見を変える人間は、逆にプロフェッショナルとしての信頼を得ることは難しいのだ。


本章では、ブルシット・ジョブに陥らないためのプロとしての心構えを扱ってきたが、最も大切なことは、仕事へのモチベーションを自分自身で維持できることだ。稀に「上司やクライアントからのポジティブなフィードバックや慰め、労《ねぎら》いの言葉がなく、自分のしていることの価値がわからない。仕事が辛い」と話す同僚がいる。気持ちはわかるが、それではプロ失格だと考えている。

いちいち他人から褒められなければ仕事のやる気が出せないのであれば、プロを名乗る資格はない。プロは自分で考え、自分で行動するものだ。

自分の仕事の評価や社会的な価値をまず自分自身で信じることができ、その結果に責任を持つ気概のあるものだけが、真に価値ある仕事を生み出すことができる。多少のトラブルや衝突があっても、正しいと信じたことを継続し、最後までやり遂げる意志を持とう。

第　章

「あなたが社長ならどうします？」

――「変化」を起こすから価値がある

幾度の戦場を越えてなお不敗
ただ一度の敗走もなく
ただ一度の勝利もない
担い手はここに一人
剣の丘で鉄を打つ
――アニメ『Fate/Stay night』

10ヶ月間の戦場

入社から5年目の秋、私は昇進に失敗した失意を引きずったまま、シニアコンサルタントとして突然新たにアサインされた仕事で文字通り地獄の日々を経験することになった。

日本有数の物流会社の基幹機能を支えるシステムのハードウェア更改をするにあたり、新たなシステム群の上で、現在の業務が滞りなく行えることを担保するためのシステムテストを私たちのチームは担っていた。

通常、この手の業務テストはテストの正解となる業務フローや業務マニュアルをベースとして行うのが一般的である。基本的に正解がないものをテストすることはできないからだ。しかし、都合の良い業務マニュアルや業務フローが網羅的に存在していることは少ない。あったとしても10年前に作られたきり一度も更新がなされておらず、実際の業務と内容がかけ離れているといったことも珍しくない。私のクライアントもそのような状況であった。

加えて、非常に長い歴史を持つクライアントであったために、現場の業務内容はおそろしく多岐にわたった。店頭における業務、在庫管理、そして売上の集計から請求書の発行に至るまでのクライアント業務の全貌を明らかにし、それをテストシナリオとして短期間のうちに明文化する必要があったのだ。

クライアントの有識者たちの話を聞き、つなぎ合わせ、資料に落とす。これを平日休日昼夜を問わずひたすら繰り返し、数千の業務フローを3ヶ月で書き上げる必要があった。

3時間寝ることができれば良い方で、毎日行きと帰りのタクシーの中で寝て、シャワーをあび着替えて出社するような日々が続くことになった。深夜、会社を出てタクシーに乗り込むと、既に顔馴染みになっている運転手さんに「ご自宅でいいですか?」とだけ聞かれるほどタクシーを毎晩使っていた。タクシーの月額は家賃を上回り、家を借りている意味を考えさせられた。首都高を走る車の窓から見えるぼんやりと橙色《だいだいいろ》に光る東京タワーが当時の唯一の癒しだった。文化的な生活とはほど遠い日々だったが、失意の底にあった私にとって多忙は救いになった。自分に足りないものから目を逸らしながら暴力的な忙しさに酔い続けた。

上司はヌタさんと呼ばれる巨人だった。背丈が190センチ近くある文字通りの巨人である。会社の別の人が〝燃やして〟しまった仕事に突如として現れ、その圧倒的な火力で鎮火し、そしてまた新しい修羅場へと移る火事場の英霊のような人だ。歴戦の実績は社内でも評判を呼んでいたにもかかわらず、決して出世が早い方ではなかった。

炎上案件の救世主は結局は〝敗軍の将〟であり、必ずしも評価されやすいものではない。無責任に案件を売り歩き、その責任を取らずにセールスの実績だけで昇進する社員もいる中で、ヌタさんの働き方は孤高の傭兵であった。並はずれた問題解決能力に加えて技術的なバックグラウンドの強さ、何より強靱な精神と底なしの体力を持っていた。

ヌタさんは誰よりもよくプロジェクトの全体像を見ているようだった。本来の自分の守備範囲に加えて、隣のチームの作業にリスクがあればすぐカバーした。既にほぼ24時間ぶっ通しで働いているにもかかわらず、クライアントにとって、プロジェクトにとってそれが必要であれば即行動する。全体の工程に大きな綻びをもたらす可能性のあるリスクがあれば、それが深夜であっても確認する透徹した当事者意識——何が彼をそこまで突き動かすのか、当時の私の理解の及ぶところではなかった。

ヌタさんとはアナリスト時代に一度だけ提案書作成の仕事を共にしていたが、かつてアルバイト程度の仕事しかできなかった私にとって、このプロジェクトは成長した自分の姿を見せるリベンジマッチの意味合いがあった。だが、たかだか数年の修練を詰んだ程度の私とヌタさんの間には計測できないほどの実力と視野の差が、なおも存在していたのである。

私の仕事について、ヌタさんに褒められたことは一度もない。元々口数が多いタイプではなかった。彼の沈黙が承認を意味するのか否定を意味するのか、あるいは熟考の時間であるのか、その真意は表情からは読み取ることができなかった。彼は黙ったまましばらくすると「だから、結局……なんだよな」と呟き、私の顔を見る。その言葉の真意を摑めない私は、「すみません、よくわかりません……」と言うしかなく、ヌタさんはがっかりした顔でレビューを終わらせるといったことがよくあった。

数千の業務シナリオのテストを回帰テストを含めて約2ヶ月間で実行するこの仕事は壮絶を極めた。日中の時間はひたすらテストを実行し、定時になれば翌日のシナリオの準備と協力会社への作業依頼書を作る。夜が明けるタイミングで常駐先近くのスタバで仮眠し、8時からまた働く。あまりにも寝ていないため、作業の品質は上がらず、ある日ヌタさんから「脳入ってる?」と確認されたこともあった。こちらも寝ないで働いている怒りと、一方で「たしかに自分の脳が入っているか確認したことはなかったので、確認は必要だ」というファクトで思考回路がショートし、「確認します」とだけ答えて更に怒られる一幕もあった。

休日もGWもすべて返上して働いていたために当然、勤怠時間は異常値となり、コンプライアンス部や人事部から休めというメールが来ていたように思うが、もはやそのメールを開いている余裕すらないくらい忙しかった。働き方改革という言葉がにわかに社でも流れはじめた時代であったために、私たちの働き方は組織の上層部へとエスカレーションされた。

しかし、自分たちが担うのは日本の物流の根幹を支えるシステムであるという使命感が、私と同僚たちの足をオフィスへと向かわせた。会社の上層部もシステムの重要性を加味した例外申請を海外の本社に認めさせ、昼夜問わずの24時間態勢の労働人形（キリングマシン）たちはでき上がっていった。

戦場のような日々は、すべてのテストシナリオを消化した後、突然、終わりを迎えた。新たに動き出したクライアントのシステムがハードウェアで問題なく動いているかを静観する時期に突入し、私と私の後輩は午前中に出社こそするものの、近傍待機でよい状態となったのだ。特にやることがないため、代休消化と称してクライアントの常駐先近くにある上野駅近辺の屋台で昼間から飲酒をして時間を過ごした。

前線からの帰還兵さながら、心身がすっかり疲れ果ててしまった私たちのチームには、約

1ヶ月の代休が割り当てられることになった。丸々1ヶ月間オフィスに出社しなかったから、社内では私の死亡説が流れたほどであった。

休暇後、キャリアカウンセラーに呼び出された私は、そこでマネージャーへの昇格を告げられた。その年最も過酷とされた仕事で中心的な役割を果たしたことが評価会議で高く評価されたという。

昇進は素直に嬉しかった。報われたのだと思った。

しかし、この時の私は本質的に1年前から精神的になんの成長もしていなかったと今になって思う。私は、ただ長時間労働に耐えることができた頑丈なスタッフにすぎなかった。自分自身に足りない何かを無視するように忙しさに溺れ、欠点を直視しなかったツケはマネージャーになった後に払わされることになるのだが、それはまた後の話だ。

「変化」を作れる社員になろう

ジュニアコンサルタントという時間は、コンサルタントの見習い戦士とも言えるアナリストから、空を美しく舞うマネージャーという蝶へと成るまでの、いわばサナギの期間とも言える。蝶が舞うがごとく仕事のイメージをこの時期にどこまで高く飛翔させられるかで、その後のマネージャーとしての活躍はまるで異なってくる。

当時私がスタさんの言葉に釈然としない点があったのは、私自身がまだアナリストの頭のまま、作業者としての魂のまま仕事をしていたからに他ならない。与えられた仕事をただこなし、期限とスコープというわかりやすい２軸のマトリクスでひたすら仕事を「終わらせよう」と作業をしていた。

コンサルタントの仕事は、ただ与えられたタスクを終わらせることではなく、変化を起こすことに肝がある。コンサルタントは事業の展望の書かれた資料を、時に業務改革を、先端的なシステムの実装を売る。それら**一つひとつのサービスを通してコンサルタントがクライアントに売っているものは、事業全体に対する「変化」なのだ。**

そしてこの点こそが、単発のシステムの導入や移行のみを売り物とする他の会社との差別化要素であり、それ故にコンサルタントの月単価は高額となる。

上司であるマネージャーが、折角お声がけをいただいたクライアントに対して「このテーマだと私たちはお仕事を受けることができません」と、要求自体の修正と拡大を求めているシーンを見たことはないだろうか？

コンサルタントは、必要だと考える変化をもたらすにあたり、クライアントからいただいたお題のスコープが局所的だと感じる場合がある。バケツの底に大きな穴が空いている時に、側面にある小さい穴を塞ぐ作業をしても意味がない。同様に、あまりにも小さな変革テーマを切り出されたとしても、クライアント全体の事業に変化をもたらすファクターにはなり得ないのだ。

コンサルタントである以上、意味のない施策にクライアントの予算や自分たちの時間を投下するのは悪手だ。必要な変化をもたらせるだけの変革テーマ、そして予算をクライアントから獲得しなければいけない。

ジュニアコンサルタントがクライアントに対してテーマの修正・拡大を要求するようなシーンは稀であると思われるが、仕事をしている際に「これ、このままやってて意味あるのか?」と気づく場面は少しずつ増えてくるだろう。その際、「もっとこの面に対応すべきではないですか?」といった提案を関係者に対してできるようになりたい。

ただ、降ってくる作業を素早く正確に終わらせるだけの世界を脱し、**コンサルタントは変化の一主体として、クライアントを、チームを、そして自分を変え続けることが求められる。**日々の業務で無駄な作業が減った等の小さなレベルでも良い。クライアントや同僚たちから「あなたがいたから、私たちは変わることができた」と言ってもらえるようになること、これがコンサルタントとしての必要条件になる。

変化の起点は人がすべて

現場のクライアントとは良い関係を築けているにもかかわらず、なぜか進行がうまくいかないプロジェクトがある。毎日クライアントとコミュニケーションをしているし、意思疎通もできている。会議の雰囲気も良く和やかだ。しかし進捗が常に遅延状態になっている。

このようなプロジェクトに多い傾向の一つとして、仲の良い現場のクライアントと馴れ合いのようなコミュニケーションを続けるばかりで、実質的な意思決定権を持つクライアントとの意思疎通を怠っている、という点がある。

クライアントの企業も複数の部署で構築されており、意思決定の規模が大きくなればなるほど関連する部署の数は増えてゆく。

例えば受注予測の精度向上を目的としたシステム導入を行うプロジェクトに参加したケースを考えてみよう。私たちの契約元（バイヤー）となるクライアントは経営企画部であったとする。しかし、このシステムを実運用に堪えるものとするためには、製造部門の協力が不可欠なので、経営企画部のみならず、製造部門の協力を取り付けるための動きも積極的に行わなければ、変革を起こすことはできない。

コンサルタントがカウンターパートであるクライアント以外の部門にどこまで干渉するかは、プロジェクトの提案段階において役割分担として定義されるのが通常だ。本来はクライアント企業内の調整に関わる話であるため、クライアント自身に調整を担っていただきたいところだが、部署間の縦割りが著しい会社の場合、コンサルタントが社内調整も担うことが多い。クライアントが行う場合でも、スケジュールの進行予定に対して調整がどの程度進んでいるのかに目を光らせ、必要に応じてクライアントに作業を促すことも必要だ。

クライアントを「変える」ために、今自分が働きかけるべき人や部署はどこにあるのかを把握し、関係性を積極的に開拓していく動きをしよう。

「もし○○さんが、社長であれば……」

組織を変革する際に意外に大きなハードルとなるのが、それが非効率なやり方であるとみんなわかっていても、長い時間を経て組織内の暗黙の常識となってしまっている場合だ。長年の慣習で行っている業務手順は、そもそもその手順の妥当性について疑問を持つことすらないかもしれない。

そんな企業に、突然外部からやってきたコンサルタントが「今のやり方は非効率だ」と面と向かって言っても、誰も良い印象は持たないだろう。現場の事情や苦労の歴史を知らないくせに、何を偉そうなことをと悪い印象を与えてしまいかねない。

クライアント自身に現在のやり方の問題点に気づいてもらい、主体的に変革に参加してもらえるように誘導できるかが、コンサルタントとしての腕の見せ所になる。

対面しているクライアントとのコミュニケーションの中で、**「もし〇〇さんが、社長であれば、今の業務のやり方をどう変えますか？」**というカジュアルな問いかけをしてみるのは一つ、クライアントの考え方を拡張する有効な手段になる。

ロジカルシンキングと併せて取り入れられているデザインシンキングという問題解決の手法においても、「もしあなたが、アメリカの大統領であったら？」「もしドラえもんがいたら、この問題をどう解決すると思いますか？」と発想を拡張する手法が用いられている。

また、クライアントに対して、**「本当はどのような仕事の仕方をしたいのか？」**という質問を投げかけるのも有効な方法だ。

クライアントの中には長年一つの領域を務め、自分の仕事に対して強い思いを持っていながらもなかなか実現できずにフラストレーションを抱えている人がいる。特に転職を経験しているようなクライアントは、前の会社であれば効率的にできていたことが今の会社ではなんらかの事情でできない場合、本来こうあるべきだという業務に対する明確なイメージを持っている人がいる。

例えば、クライアントが、毎日行っている様々な雑務を自動化するためのシステムを作りたい、という相談を持ちかけてきたとしよう。そのままクライアントの言う通りに雑務を自動化するシステム開発を受託し自動化すればクライアントは楽になり、喜ばれ、その後も継続的に仕事を受注することができるかもしれない。

しかし、相談を受けた時に、クライアントはそもそもどのように働きたいのか？　を聞いてみると、前職ではより先進的な方法で同様の業務をこなしていたため、本当は今の雑務の単なる自動化よりも、業務そのものの最新化を一緒に進めてくれる仲間を探しているとわかったりする。もしそのようなクライアントの思いに寄り添うことができれば、クライアントと二人三脚の強い信頼関係で、より大きなインパクトのある変革を組織にもたらすことができるかもしれないのだ。

人から直接言われるよりも、**クライアント自身が対話の中で「気づき」を得て、言語化し、変革の方向性を起案し、具体化する展開が一番望ましい。**人は自分で考えて内発的な動機づけを得たものがあってこそ行動へと駆り立てられるからだ。クライアントの中にあるわだかまりを言語化し、思考の手助けをすることができれば、プロジェクトへのモチベーションとコミットメント度も大きく向上できるだろう。

クライアントの承認を勝ち取る

変化への第一歩を踏み出すのにどうしても必要なのは、クライアントからの承認――「はい」「承認します」「そのまま進めてください」を勝ち取ることだ。その言葉をもらえないがためにプロジェクトが数週間遅延するということは、頻繁に起こり得る。

一見簡単なように見えるが、この承認の取り付けは、思っている以上に骨が折れる。こちらとしてはOKしてくれたと都合よく解釈していたことについて、後日クライアントから「特に承認をしたつもりはなかった」と梯子を外されてしまったり、一筆メールで承認しますと返してくださいとお願いすると、自分の責任で承認して良いものなのかどうかの判断がつかないクライアントがメールを滞留させてしまい、プロジェクトが遅延となることは日常茶飯事だ。

ここでまずクライアントの気持ちになって、その対策を書きたい。

仮にコンサルタントから、「本件の方針について、承認をいただけないでしょうか？」という依頼を受けた場合、なんとなく、躊躇してしまうのではないだろうか。これは自分が承認をしたことによって、この後何が起こるのかに想像が及ばないからだ。

「そこのオフィスの椅子、5分だけお借りして良いですか?」といったお願いならためらいはないが、「御社から貸与いただいているパソコンに、このソフトウェアをインストールしても良いですか?」と聞かれた場合、情報システム部への確認が必要なのではないか、と考えその場で回答できないことが多いだろう。

誰もが不確定なことに対して決断を行うのは抵抗感があるし、特に企業で働く一般社員であれば、その決断にどの程度の責任が伴うのかを慎重に考えるだろう。

では、どのようにしてクライアントが抱く抵抗感を払拭するのか?

1 まずそもそも、承認を取りたい内容がそのクライアントが決められる範囲のことなのかを確認したい。会社である以上、所属する組織、役職ごとに決裁できる範囲は決められている。これはクライアント企業内の組織図や決裁権に関する情報を入手することで、ある程度整理できる。

2 本来その権限を有しているはずのクライアントが承認を躊躇している場合、承認をした際にどのようなことが起こるのかが正しく情報として伝えられていないケースが多い。例えば今後構築するシステムの基本設計について承認した場合、それによって今後どのような制約が課されるのか、説明する側としても勇気を伴うことだが、この承認によって引き返せなくなることとリスク内容を正しく伝える必要がある。

もしそのリスクを当該クライアントが引き受けることがない時は、クライアント企業内でその判断が可能な人を別に探す。多くの場合、その上長にあたる役員や、他部門における部長であったりする。特に複数の部署に影響する内容の意思決定を迫る場合は、決裁権を持つ関係者全員の承認を取り付けている（取り付ける予定）、という説明をしなければ、現実的に話が進まないだろう。

3 関係部署を横断したロジ設計

クライアントからの承認の取付は1日にしてならない。ある日突然やってきた外部のコンサルタントに、「本件の承認が欲しいので、判子を押してください」と言われて、その通りに判子を押すことはないだろう。

プロジェクトが開始されたその時から、このプロジェクトではどのタイミングで誰の承認が必要になるのかを事前に逆算して考えておくことが重要だ。

そこから、将来承認を取り付けることになる関係者とどのタイミングでコミュニケーションを行う必要があるのかを逆算し、スケジュールに落とし込んでおく。この一段進んだロジ設計がプロジェクトを円滑に推進し、変革を実現するために必要な能力だ。

どのような組織であっても何か物事を変化させようとする時、抵抗勢力は必ず現れる。現状うまく回っているのに、なぜ変わらなければいけないのか、変わるための労力は一体誰が負担するのか、もし変わった後に何か重要なトラブルがあったらどうするのか？　そのような不安を持つこと自体は、責任感を持って仕事をしている人の反応として普通のことだ。

経営者のパートナーとしての立場を振りかざして強引に変革を推し進めても、現場がついてこられなければ有効に機能しない。コンサルタントとしては、抵抗する側の理由にも丁寧に対応していかなければならない。

抵抗勢力は通常、自分たちのカウンターパートとなるクライアントとは別の場所に存在することが多い。カウンターパートが購買部であった場合、購買の業務システムを変化させるには、購入した品物を検品する物流管理部であったり、支払処理を行う経理部門との根回しが必要になる。プロジェクトが購買部のクライアントを対象としているからといって関係部署との調整を後回しにすると、役員への最終報告の際に「ところで物流管理部や経理部との調整はすんでるの？」と一撃を打ち込まれ、残念な結果に終わることになる。

影響範囲の見極めを行う方法として有効なのが、組織間の情報とデータの〝流れ〟に着目することである。先の例で言えば、購買部の場合、購買部が〝発注〟するための元となるデー

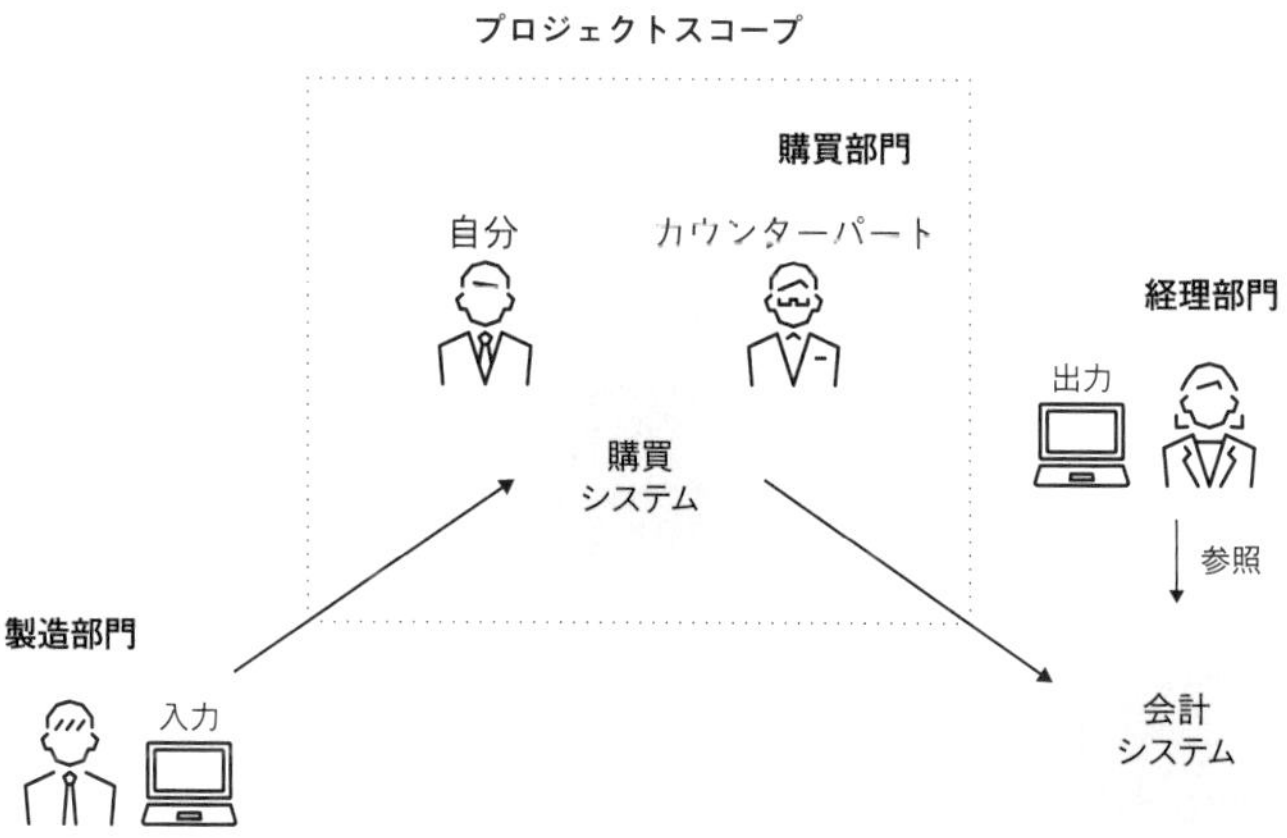

図22　確認が必要な全体のスコープ

タは誰がどのように提出し、誰がどのように使用することになるのかに着目すれば、購買依頼を作成する製造部門や、その発注データを請求書とつき合わせる経理部に対して、新たな業務パターンを打診する必要があることがクリアにわかる。

こうした流れを摑むために、許されるのであればクライアントの社内システムの画面や実際に現場で使われている帳票を見せてもらったりすると良い。情報はすべて入力元と出力先があるため、特定しよう。これは業務全体の流れを俯瞰して分析する訓練にもなる。

影響が及ぶであろう各部署に対する調整は、初期段階からはじめておくことが望ましい。「今度、購買部さんの方で、このような仕組みを新しく入れようとしているのですが、何か経理さんの方で気になる部分ありますでしょうか？」といった形で話を進めていけば、調整先の部署としても、早い段階での相談であれば心理的に安心感があるため、抵抗も少ない。

自分自身のミッションを理解しよう

チームの主戦力であり、一領域の顔であるジュニアコンサルタントは、チームのミッションそのものにコミットすることが求められる。一つひとつの作業はどうなったら終わりかを気にするだけではなく、このチームは、このプロジェクトは、どういう状態に〝変化〟したら成功なのかを主体的に考え続けなければいけない。

コンサルタントとしての基礎を叩き込まれたアナリストは、自然と「自分自身のスコープと納期の死守」を最優先の行動原理として働くようになっている。この仕事の仕方が行き着く先は、自分のToDoをリスト化し、期限を入れ、上から順に完了ステータスへと変えていくような仕事のスタイルになる。

しかし、一歩引いて考えてみてほしい。そもそも仕事とは「タスクを終わらせること」なのであろうか。

一つ例を挙げたい。私はヌタさんと働いていた当時、プロジェクト全体の課題やToDoを

Excelのリストで管理していた。そしてその管理簿に記載された課題を期限通りに終わらせることに注力していた。私からヌタさんへの業務報告はその課題の一つひとつがいつどのように終わるかがほとんどだったが、ある日ヌタさんから**「そのリストに載ることのない課題はどう対応されるのか？」**という指摘を受けた。

私にとって、私の役割と仕事とは管理簿に書かれてあることがすべてだった。しかしクライアントとプロジェクトを取り巻く環境は1時間ごとに状況が変わっており、管理簿の通りにはなっていない。にもかかわらず、仕事の範囲を管理簿の中にとどめてしまえば、前提が覆るような問題が発生した時に、一体どのような価値提供ができるのか。

当時私とヌタさんの会話が嚙み合わなかった理由は、私が一つひとつの課題の進捗の話をしていたのに対し、ヌタさんはExcel管理そのものの意味、そしてExcelに直接は書かれていない、より高次元な〝何か〟の話をしていたのである。

クライアントへの価値提供と結びつかないのであれば、そのタスクはどんなに緻密で正確であったとしてももはや無意味だ。最終的に何が実現できたら、ミッションは果たされたと言って良いのかを、プロジェクトの開始時にクライアントや上司とよく議論し具体的なイメージを持っておく必要がある。

ミッションはプロジェクトの背景や目的によって大きく異なるが、可能な限り定量的な変革目標を定めるのが良い。

例えばクライアントのセキュリティ部門を担当する場合、翌月のセキュリティインシデント（マルウェア感染や不正アクセスなどの脅威）をゼロにする、あるいはインシデント発生から第一報までのリードタイムの平均を○○分まで減らす、といった定量目標を設定する。営業チームがクライアントであれば、売上を10％拡大する、営業費用を20％削減する、といった数値目標も良いだろう。

具体的にどう変化するか目標を定めて仕事をしていると、一つひとつの作業が、その目標達成に近づくものであるのかどうか見極めやすくなるし、不必要と感じた時の説明も容易になる。

前提をおいてプロジェクトを引っ張ろう

リーダーとしてプロジェクトを推進するにあたり出鼻をくじかれることの一つとして、作業に必要な情報や、あてにしている情報がまったく出てこないということがある。例えばシステム導入に関するプロジェクトがはじまるにあたり、要件定義等のインプットについてはクライアント側からある程度のまとまったドキュメントが与えられるのが一般的で、「ここまでやっておきますから」とクライアントが約束してくれる。

しかし現実問題、これが予定通りに果たされることはあまりない。クライアント側のインプット作成が遅れ、その結果こちらの作業遅延の原因となる、というのは頻繁に発生し、待ちに待った資料がやってきても到底使い物にならないことも多い。そもそも高額な業務委託料を払ってまで外部のコンサルティング会社に仕事の一部を切り出すほど、クライアントは忙しいのだ。細やかなドキュメンテーションをする時間を期待することはできないだろう。

実際は、クライアントが途中まで書いたメモ書きのようなドキュメントから断片的な情報を読み取り、プロジェクトを推進しなければならないことの方が多いのだ。

もちろんクライアントの資料提出が遅れたことによる遅延は、我々の責任の範囲外だが、問題なのは結果としてプロジェクト全体の作業が遅れてしまうことだ。クライアント起因の遅延であったとしても、経営層からすれば、高額な業務委託料を払っているのになぜプロジェクトが遅れているのか、という評価になってしまう。

クライアントの経営者からの信頼はコンサルティング会社にとっては生命線だ。現場のクライアントとは良好な関係を築けていたにもかかわらず、経営層との関係が悪くて頓挫してしまったプロジェクトは星の数ほど存在する。せっかく頑張って仕事をしているのだから、経営層からもしっかりと評価される見せ方をしたいところだ。

期待したインプットが出てこないのなら、大きな遅延を招かないよう、こちらで前提条件をつけて進める他ない。不足情報の補填は追加調査をこちらで行うため、追加予算の調整をつけてほしい、あるいは、一旦の想定で数字をシミュレーションさせてほしい、といった提案をクライアントに対して行い、合意を取り付けて作業をスタートする必要がある。

もう一つ補足しておくと、特に新規取引先等、まだ関係性のでき上がっていないクライアントとの仕事が新たにスタートした時は、まず最初の1週間でクライアントに説明可能な成果をどう実現できるのかに集中すると良い。

関係性のない状態で机上の空論ばかりを説いていても、彼らからすれば「いろいろと偉そうに言ってるけど、この人たちは僕たちに一体どんなメリットをもたらしてくれるのだろう……」という印象を持ち続けてしまう。

ToDoが明確になり、誰がいつまでに何をすれば良いのかがわかりやすくなった、今まで口頭でアバウトにやり取りしていた設計仕様がドキュメントに落ちて明確になった、というような小さなことでも良い。まず**最初の1週間でクライアントに対して価値貢献をし、信頼を勝ち取ることに集中しよう。**大きな変化を起こすためにこそ、まずはこの地道な信頼貯金の積み上げが前提となる。

プロジェクトが完了した時、現場の人々のみならず経営層にも納得のいく形で定量的な変化の結果を示すことがクライアントの高い満足度にもつながる。

どんなに素晴らしい変革のアイデアが出てもそれを具現化できなかったら絵に描いた餅だ。そのためのロジ設計から部署間の根回しまで、トータルでコミットして現実を変えてこそ、コンサルタントの仕事と言えるのである。

第9章

「作業を切り出せ」

——チームにどう動いてもらうか？

そして常にチームにこう問い続ける。
「どんな支援があればもっと速く進める？」
——Jonathan Rasmusson／島田浩二他訳
『ユニコーン企業のひみつ　Spotifyで学んだソフトウェアづくりと働き方』

大コンサル時代の幕開け

先日、フラリと新宿のゴールデン街で知人がマスターをやっている店に入った。隣に座っている二人の若者と少し会話をしたら、二人とも数ヶ月後からコンサルティング会社で働くという。なぜこの時代にコンサルタントになるのか、という私の質問に二人は、「直近特にやりたいことがないですし、せっかくの大コンサル時代なので、コンサル王になろうと思いまして」と冗談混じりに答えた。

記憶を辿った時、コンサルタントという職業が徐々に社会の中で脚光を浴びていったのは2010年代の後半くらいだったように思う。SNSや雑誌において、「コンサルタントの実態！」「本当は女性にあってる？　コンサルティングのお仕事」というようなキャッチーな見出しの記事や投稿が少しずつ増えていった。

アクセンチュア・ジャパンの社員数がついに1万人を超えたのは2018年度であり、他のコンサルティング会社の採用も指数関数的に増加していった。まさに大コンサル時代の幕開けだったのかもしれない。

この流れは、各コンサルティング会社が売上の拡大を目指そうとすれば必然の結果だった。結局のところコンサルティング会社がクライアントに提示する見積りは、社員がクライアントのためにどの程度の時間を使い働いたのかで金額が大きく変動する〝人月〟型商売だ。そのため、会社の売上を上げたいのであれば、コンサルタントを増やすことが最もシンプルで即効性のある施策だ。

しかし当時、市場に存在しているコンサルタントの数は、各社の需要を埋め合わせるほど多くはなかった。各社の人事は100万円程度の年収アップとタイトルを与え、プライドの高い比較的年齢の若いジュニアコンサルタントの引き抜きに明け暮れた。その結果、数ヶ月ごとに転職を重ねる、業界の回遊魚のような人間も出現した。また、社内の昇進バトルに敗北したシニア社員が競合他社に自分の息のかかったチームメンバー数名と一緒に鞍替えする、といったケースも発生した。この流れは現在も続いており、実際２０２２年にはデロイトトーマツコンサルティング社とＥＹ社の２社間で社員の引き抜きに関する訴訟が起こっている。

新卒採用の目標人数も年々増えていったし、コンサルティング業界全体の拡張に商機を見出した人材斡旋《あっせん》の会社は、異業種からの未経験者をコンサルティング会社に多く送り込むようになっていった。

24時間寝ないで働く、という旧態依然とした激務の業界というイメージでは採用の目標件数に到達することはできないため、業界全体で「働きがいのあるホワイトな職場」であるというイメージを採用市場に対して発信するようになっていった。

そんな流れを私自身はやや冷めた目で見ていた。自分たちはクライアントのオフィスで昼食も取れずに文字通り24時間寝ずに働いているにもかかわらず、女性向けのファッション誌では小綺麗な服をまとい本社オフィスでコーヒー片手になにやら談笑するコンサルタントのイメージが掲載されているのだから、違和感を感じなかったと言ったら嘘になる。

そのような実態とかけ離れたイメージによって志望し、入社してきた新たな層を同僚として受け入れるのは現場のコンサルタントなのだ。

現代のコンサルティング会社では、社員一人ひとりの勤怠状況をシステム的・制度的に厳密に管理するように少しずつなってはきているが、当時はまだ働き方改革という言葉だけが先行して、実態が追いついていなかった。また、クライアントからすればコンサルティング会社が働き方改革をしていようがしていまいが、求めるものは変わらない。それまでは翌朝までに出てきたものが、2日後に提出されるようになれば、単なるサービスレベルの低下にしかとられない。クライアントからクレームを直接受けるのは現場にいるコンサルタントなのだ。だから、表向きに禁止されているサービス残業は、当たり前のように行われていた。

その一方で、新たに入ってきた新卒・中途社員たちは自分たちのやりたい仕事だけを受け持ち、定時になれば仕事が終わっていなくてもパソコンを閉じて家に帰っていく者が多く、文化のギャップを強く感じた。会社としても働き方改革の旗を表向きには掲げている以上、マネージャーも期限に対して強く要求するような発言は避けるようになった。加えて、コンサルタントとしての職務経験があるわけではない彼らの仕事の品質は、生え抜き社員たちから見ればお世辞にも高いものとはいえなかった。

結局、はみ出した仕事をフォローしていたのはマネージャーと古参のスタッフたちだった。定時後に古参のスタッフたちがサービス残業で新しい同僚たちが作った資料を夜な夜な直すということが常態化していた。

会社は成長路線を謳い、増やした人数分の新たな仕事を受注する。しかし、実際にその仕事を遂行するのは一部の古参の生え抜き社員たちという非常に歪《いびつ》な過渡期の時代だった。

少しずつチームを任されるようになった私と同世代のコンサルタントたちは、自分たちとまったく異なるバックグラウンドやモチベーションを持った新しい世代のコンサルタントに対して、どのように仕事を任せるべきなのか日々悩んでいた。

パワー型クライアントとの戦い

働き方改革の潮流の中、選抜された狂戦士（バーサーカー）のみが生き残るコンサルティング業界から、様々な属性の社員が働くようになった時代に、私が対峙することとなったあるクライアントは、最凶のパワハラ型クライアントであった。

それまで私が出会ってきたクライアントは幸いにして皆、物腰が柔らかく丁寧なコミュニケーションをとってくれる紳士的な振る舞いの企業が多かったのであるが、新たに担当することとなったクライアントは明らかにそれまでと毛色が違った。

恫喝とも言えるようなフィードバックが毎日のように発生した。先輩社員の中には10センチ以上あるキングファイルを投げつけられたり、不備のあった資料を床の上で手直しさせられた、という人もいた。煌びやかなコンサルタントとしてのキャリアに憧れて入社してきた社員は次々と倒れていった。1週間ごとにチームのメンバーが脱落していくため、自衛隊出身者であったり、物理的に戦闘用に鍛え上げられた肉体を持つ特殊部隊出身者であったりと、戦国武将さながらのコンサルタントたちがクライアントの前に立つ役割を担うことになり、異様な空気が職場を満たした。

そんな特殊な環境下でスイッチが入ったのか、長時間労働と深夜の飲酒で脂肪を蓄えつつあった私は、ジムに通いはじめた。パワー型クライアントと渡り合うにあたって、如何なる文脈においても付け入る隙がないよう、精神のみならず肉体の鍛錬の必要性も感じたからだ。

会社の福利厚生により入会金が無料となる道玄坂上のジムには、同じプロジェクトに所属する役員や先輩社員が約束したわけでもないのに集うこととなった。平日未明の3時まで働いた朝、7時からジムで肉体を鍛え、汗を流す。もはやどこに向かっているのかわからない武闘派集団プロジェクトになりつつあった。

皆があまりにも延々と仕事をしているため、新入社員が配属されていることに誰もまる1日気づかず、帰宅して良いのかどうかの確認を誰にすべきかわからないまま、新入社員が24時間席に座り続けるといった異常事態が発生したりもしていた。

平成の時代にあってパワー型クライアントに遭遇することは業界内でも珍しいことだったが、連日の深夜労働によって脳が麻痺していたのか、当時はそれが普通のことと錯覚していたのだ。今になって思えば、たとえクライアントであっても恫喝的ふるまいを看過してはならず、会社として正式にクレームを入れる等のまともな対応をしてもよかったはずだが、良くも悪くも負けず嫌いな人間が多い武闘派のメンバーは、剣が降っても槍が降っても立ち上がり、プロジェクトを前に進めた。

我々のみならず関係会社の社員たちもまたストレス耐性が高い人間が集まっていた。ある日、進捗報告の定例会で、私の隣に座っていた前野という関係会社のプロジェクトマネージャーが、クライアントの沖縄支店の重役からクレームがあったことをクライアントの本社社員に伝えた。激昂《げっこう》したクライアントは「なぜ今お前はここにいるんだ⁉ 今すぐ羽田にいけ‼」と前野氏を恫喝した。

前野氏は会議室を追い出され、午後の便で沖縄へ向かうことになった。やはり立場上、現場のトラブル対応のために大変な思いをすることもあるのだな……と同情していたのであるが、翌週、前野氏はこんがりと日焼けをして東京に戻ってきたのである。トラブル対応の出張であっても、隙間時間を見つけ海を楽しんでくるくらいのメンタリティでなければ、プロジェクトマネージャーは務まらないのだという学びを得た瞬間であった。

新卒の部下との出会い

私が片山というチームメンバーと一緒に働くようになったのはその頃だった。私の世代もコンサルタントとしてはかなり若いジェネレーションではあったのだが、新卒で入社した彼女は、22歳であった。

コンサルティング会社に勤務する女性は、クライアント先の部長職の男性たちに外見で舐められることがないよう、目元のメイクを強くしていたり、髪型や服装もパリッと気を張った隙のないスタイルの人が多い。しかし大学を卒業したばかりの片山は、当時あまりにもプロとしての迫力に欠けていた。

恫喝が日常的に飛び交うような、高いコミュニケーションコストを支払わなければならないクライアントの下で仕事をする際、数ヶ月前まで大学生であった片山を部下として迎え入れることは私にとっても大きなプレッシャーだった。彼女一人で私の仕事の一部をそのまま行うことはできなかったが、一方で、私自身の時間にも限界があり、何かしらの作業を切り出して分業する必要があることは明白だった。実際、片山への指示は驚くはどすべてうまくいかなかった。

資料作成をお願いしても、期待通りのものが期限内に提出されたことはなかった。関係会社に対してメールを送るようにお願いしたものは、すべて関係会社から意図がわからないというクレームとなり余計に追加の作業が必要になった。結果として、二人がかりで遅延のリカバリーに追われることとなったため、私自身の労働時間は減るどころかむしろ増えてしまうばかりだった。

彼女の名誉を守るために書くならば、これらの遅延や手戻りは新人の育成方法を理解していない私自身のスーパーバイザーとしての未熟さに起因する。以降でその具体的な反省点を述べていきたい。

切り出す作業の見極め方

コンサルタントまでキャリアを進めた人であれば、既に自身は相当なスピードと品質でアウトプットが出せるようになっているだろうが、「チームのスタッフにどう自分と同じように動いてもらうのか？」は次の大きなチャレンジになる。

自分自身も作業に追われる中、誰かに何かを依頼し、納期と品質をコントロールするのは

- ☐ 作業の背景・目的を伝えたか？
- ☐ どの会議でどのように使う資料なのかを伝えたか？
- ☐ インプットとなる情報を明確にしているか？
- ☐ アウトプットのイメージを伝えているか？
- ☐ セルフレビューの観点を伝えているか？
  （最低限自分でチェックしてほしい部分）
- ☐ 期限を伝えているか？
- ☐ 確認が必要な関係者を伝えているか？

図23　部下への依頼時チェックリスト

非常に高度なスキルだ。マネージャーになってからもこれを上手く捌《さば》ける人は少ない。しかし、今後キャリアレベルを上げ、もっと多くの守備範囲を担当するようになった時、部下に自分が考えているものを作ってもらうことがいつまで経ってもできなければ、時間が足りなくなり、倒れてしまうだろう。

具体的には、まず部下にどの作業を切り出しお願いするのか、細心の注意を払いたい。

プロジェクトの進行において、**生命線となり得るコアタスクについては絶対に部下に投げずに、自分自身の手で行おう。**システムの主要機能に関する設計であったり、クライアントの経営層からの直接のオーダーへの対応であったり、その作業の遅延や品質上の問題がそのままチームや会社の炎上に直結する、という類の仕事については、自分自身で頭と手を動かし、作業しよう。部下をチームに入れるのは、自分がより重要な仕事に集中できるようにするためであって、楽をするためではない。

一方で作業全体を見た時、ある程度時間に余裕があったり、クライアントの期待値がそこまで高くない作業も複数存在する。まずはそれらの作業を部下に切り出し、どの程度の時間と自分の関与の度合いで、どんなアウトプットが上がってくるのかを試験的に見てみると良いだろう。それによって、チーム全体の生産性を評価できる。

私の失敗例から説明するならば、当時何を片山に切り出し、何を切り出すべきでないかの切り分けが致命的に下手だった。また、仕事を振った時点で、その作業が満足のゆく仕上がりでなかったとしても、それは彼女の責任だという感覚を持ってしまっていた。

部下の作業不備の責任は上司が背負うのが鉄則なのにもかかわらず、私は絶対にミスが許されない仕事も、クレームのリスクが高い仕事も、まずはやらせてみて鍛える、という強引な作業依頼を片山にしてしまっていたのだ。

そんなどうしようもないダメ上司に倒れることなくプロジェクトの最後まで付き添ってくれた彼女には、今となっては感謝の言葉しかない。彼女は現在、コンサルティング会社で立派にマネージャー職をこなしている。

自分でやろうと思えばできる仕事をお願いする

部下への作業依頼の鉄則として、「自分でやろうと思えばできること」でなければ部下に投げてはいけない。通常、作業の指示は仕事のインプットとアウトプット、そしてインプットからアウトプットへの変換のプロセスを手順として示してはじめて成立する。

自分にプロセスと完成形のイメージがないと、インプットかアウトプット、あるいはその中間手順について、部下に考えさせることになる。既に習熟した関係性のある上司と部下であれば大きな問題が生じないこともあるが、部下が持ってきたアウトプットが自分の想定と大きく異なる事態を招くことも多い。

部下である人間が、具体的な作業の手順とアウトプットのイメージを持てるようになるまで、資料のアウトライン・構成、各スライドのメッセージ、各スライドのボディの図のイメージまではホワイドボードで手書きしながら一緒に議論すると良いだろう。昨今はリモート会議が増えているため、私の場合は自分の画面を共有しながら、上記の要素は一緒に作り、このように埋めていってほしい、という形で作業イメージを伝えるようにしている。

せいぜい1時間くらいで必要な情報は伝えることができるし、結果としてこの1時間が手戻りした場合の2時間を節約することになる。

指示をする際には、すべてこうしろああしろ、と言うのではなく、どうすれば良いと思うか？　どう書いたらわかりやすいと思うか？等、**聞き手の発想力を引き出し、一緒に作っている意識を与える**ことが重要だ。

アナリストは未来のコンサルタントだ。ただの作業員としてではなく、自分で頭を使い、工夫させる余地を残すよう留意しよう。

作業の進行管理に関して言うと、特に経験の浅い新入社員の部下に作業を依頼した後は3時間以上放置してはいけない。誰もがみな経験することであるが、作業指示を受け取った時はできる気がしても、実際に手を動かしてみるとうまくいかないことは往々にして発生する。3時間以上その作業について特段の連絡がない場合、おそらくは思考回路がショート寸前になっている。

作業状況を確認し、どこで詰まっているのかを議論し、作業工程の軌道修正をする必要がある。管理する側も負担に感じるかもしれないが、最初の1ヶ月ほどは細やかに進行管理を行うことで、部下自身がどのような状態の時にエスカレーションを行うべきかの感覚を身につけるため、手間は次第に減っていく。

大きな作業を任せる場合は、まず一部の作業をトライアル的に実施してもらい、どの程度の品質になるのかをチェックする。最初からまとめて大量の作業を依頼して想定外のことが起こると、大きな手戻りが発生するからだ。

また、**作ったアウトプットについて、どこまでの品質をどのように担保すれば良いのかの具体的な手順を教えておく**ことも重要だ。

ある程度の期間一緒に働く部下には、なるべく自分自身の仕事の〝型〟を多く覚えてもらい、戦力となってもらおう。細かい作業の指示をせずとも、自分自身でできることを少しずつ増やしてもらうことで、長期で見ると自分自身の作業を大幅に減らすことができる。

例えばデータ集計作業を依頼する場合であれば、どの数値とどの数値が一致している必要がある、といった点であったり、おそらくはこのあたりの数値に落ち着くはずだ、という仮説を伝えておくことで、部下自身が、自分の作業結果に批判的な視点を持ち、セルフチェックを行うクセが身についていく。

スライド等のドキュメンテーション作業についても、「最後に一度、最初からラストまで音読してみよう」と事前に伝えておくと、資料の中での矛盾や、瑣末な誤字脱字を事前に潰しておくことができるようになる。

社外の人間をチームに入れる場合の注意点

チームを持つ、ということは必ずしも自分よりも年下の新卒社員と働くということではない。即戦力として、サブコントラクターと呼ばれる業務委託のフリーランスのコンサルタントをチームメイトとして迎え入れることもある。

同じチームメンバーといえど、社内の人間に対する依頼の仕方と社外の人間に対する依頼の仕方は雇用形態が異なるため、チームリーダーはその点を踏まえたコミュニケーションを行うことが求められる。

どのような契約で協力会社をチームに迎え入れているのか、そしてそれによってどのような監督責任を会社が負うことになるのか、という点は、コンプライアンスに関わる重要事項になるため、必ず理解しておこう。

具体的には準委任契約と派遣契約がどのように違うのか、自分でしっかりと理解することが重要だ。また、クライアントによっては再委託を禁止している場合もあるため、業務委託の協力会社の参加を検討する段階で、提案書や契約書に再委託に関する制約事項がなかったかどうかを確かめ、必要に応じて法務部に確認をとるべきである。

これらの確認を怠ると、最悪のケースとして、コンプライアンス違反となり社内のみならずクライアントに迷惑をかける結果にもなり得るため、必ず勉強しておこう。このような細やかなバックオフィス（経理や総務などの事務部門）に関係する事務作業はプロジェクトの主流のタスクではないため、誰も対応しないまま放置されてしまうことが往々にしてある。

スタッフ時代にほぼすべてのタイプのミスを経験した私は、業務委託の協力会社の管理においても重大なミスをおかしている。これらの知識は管理職になるまでは研修として会社から教わるものではなかったのだが、人を自分のチームに雇い入れることへの自覚があまりにも欠如していたと反省している。協力会社の方たちとの契約に関しては社内の営業担当者に任せきりだったために、ご法度である発注前案件着手（正式に両者捺印の契約を取り交わす前に業務委託の作業に着手すること）となるところだったのだ。

法務部からの指摘でかろうじてコンプライアンス違反を回避することはできたが、せっかく働く準備を進めてくれていた協力会社の方たちの貴重な時間を契約手続きが完了するまでの期間、無駄にせざるを得なくなってしまった。

お願いする社外の人がフリーランスであれ業務委託の協力会社であれ、企業間の契約関係は現場が思うよりはるかに多くのリードタイムを要することを念頭に置き、業務開始の少なくとも1ヶ月前を目処に、発注・契約手続きの準備などの段取りをしておくことが重要だ。

業務委託の協力会社へ作業の依頼を行う際は、社内以上に気を遣ってインプット、アウトプットの形式、作業手順、期日を明確に示す必要がある。当然ながら依頼は、発注した内容の範囲内で行われる必要があるため、契約内容はしっかり読み込んでおきたい。

最初のうちは、依頼を出した後に1日寝かせて進捗を確認するのではなく、3時間くらい経過したタイミングで作業が想定通りに進んでいるか、予定外のことが発生していないかを確認する。うまくいっていない場合は指示の出し方が悪かったと思うべきであり、作業者のせいにしてはいけない。依頼作業のアウトプットはすべて自分が責任を負う覚悟を持とう。

大切なことは、**チームメンバー一人ひとりが、「あの人の指示はきっとこういう意図なのだろう」と想像できるように暗黙知を積み重ねていく**ことだ。そのような良好な関係性を作ることで、徐々にメンバーそれぞれが自発的に仕事をできるようになり、すべて細かく指示を出さなくとも、チーム全体で有機的に動けるようになっていく。こうなれば、自分自身の多くの作業時間を短縮できるし、チームとしてのパフォーマンスが大きく上がる。

変化を生めるチーム・生めないチーム

マシュマロ・チャレンジというゲームをご存知だろうか。限られた量の乾燥パスタ、テープ、ひも、マシュマロ、はさみを使い制限時間内にいかに高い塔（タワー）を築き、いかに高い場所にマシュマロを置くことができるかをチームで競うゲームだ。YouTubeで「マシュマロ・チャレンジ　ＴＥＤ」と検索すると、トム・ウージェック氏がこのゲームに関する研究の結果を説明する動画がヒットすると思うので、知らなかったという人はぜひ視聴してみてほしい。

この研究では建築家・弁護士・ＣＥＯ・ビジネススクールの学生・幼稚園児等の共通した属性を持つチームがマシュマロ・チャレンジに挑戦した結果を考察している。興味深いことに、このゲームで最も悪い結果（高い塔の構築に失敗した）を出したチームはビジネススクールの学生であり、一方で高い塔を構築することに成功したのは幼稚園に通う子どもたちで構成されたチームであったという。

この有名なプレゼンテーションでは、プロトタイプと細かい期間における幾度かの改善の重要性が示唆されている。

皮肉なことに、ビジネススクールの学生たちは制限時間のほとんどを塔の〝正しい設計〟に費やしてしまった。しかし多くのプロジェクトがそうであるように、実際に設計の通りにやりはじめるとうまくいかない。行き詰まる度に、設計のやり直しをしていると、それだけで制限時間を使い切ってしまうのだ。

幼稚園の子どもたちのアプローチは正反対であった。設計に時間は使わず、とにかく無計画に塔を建てはじめる。崩れたらその理由を考え、様々な手段で補強し、さらに高度を伸ばしていく。その繰り返しによってビジネススクールの学生が作る塔よりもはるかに高い塔を構築することに成功したのだ。

これは実際のプロジェクト運営においても非常によく当てはまる話だ。コンサルタントのプロジェクトは、2〜3ヶ月の期間で区切られることが多い。期間内の1ヶ月を「計画」や「設計」にまるまる費やして、綺麗なスケジュールと設計書ができ上がったとしても、それが本当に実現するものであるのかどうかは作りはじめてからでないとわからない。満を持して準備しても、着手した途端に様々な考慮漏れやトラブルが発生し、スケジュールは崩壊し、リスケの相談をクライアントにする頃には既に2ヶ月が経過しており、もはやプロジェクトの完遂が難しいという例は枚挙にいとまがない。

私は設計や計画自体の意味を否定しているわけではない。大企業においてプロジェクトを実行するための予算を獲得するには、ある程度綿密な計画と設計が必要だ。しかし世の中には、実現性に乏しい絵空事のような提案があまりに溢れている。クライアントから「本当にこれでできますか?」と聞かれた際、「できると思います」と自信を持って言うだけの根拠をつくることがプロとしての責任のはずだ。

そのために私たちは高いマシュマロの塔を作り上げた幼稚園の子どもたちから学ぶことがある。**設計と計画を進めつつ、そのプロジェクトの前提を手を動かして検証しておく**ことだ。

一つの機能の開発に、実際に今のチームはどの程度の時間が必要なのか。要《かなめ》になる技術は予定していた通りに動くのか。また、クライアントの承認を正式に得るためには、実際にはどの程度の時間を要するのか。そのような計画の大前提となっているいわば肝の部分について、実際に小規模に検証をしておき、その妥当性を評価しておくことが「変革」をリアルに実現させるチームの秘訣だ。

失敗を美談にしない

人間の頭の中は非常に便利なもので、強烈な失敗の体験であっても時間が過ぎれば「あの体験は、あれはあれでよかったのかもなぁ」と綺麗な思い出として消化できるようになっている。だが、チームのリーダーが失敗を美談にし続けている限り、チームが成長することはない。

2週間に1回は定期的にチーム全体で振り返り会を行おう。特別な準備は必要なく、当初予定していた仕事は客観的に見て進んでいるのか遅れているのか、その理由はなんなのか、どんな失敗があったのか、お互いにどういうサポートがあればもっと良い成果が出せたのかをフェアに話し合う場にすると良い。

この時、特定メンバーの仕事の成果を特別に褒め上げたり吊し上げたりするのは、絶対にNGだ。チームが一つの人格として、自分たちの成果を振り返り、失敗から学び、次の2週間をどう過ごすのかをしっかりと話し合おう。


自分自身のジュニアコンサルタント時代を改めて振り返ると、非常に反省点が多い期間であった。プロジェクト全体への目配りの欠如による進行の失敗、チームマネジメントの未熟さの露呈等、多くの挫折があった。

これらの失敗の根本には、当時の私はまだまだ個人としての成長や成果ばかりに意識をとられがちで、主に「自分は何をなしたのか」「自分はどう報告するのか」「自分はどう成長できるか」を考えていたことがあったように思う。

管理職であるマネージャーになることを見据えたジュニアコンサルタントである期間は、少しずつでも、チームが、プロジェクト全体が適切に機能しているのか、この仕事は本当にクライアントに対して望ましい変化を起こすものか、もっと言えば社会の中で有益な意味を持つものになっているのか、という大局的な視点をつちかってゆく必要があるのである。

第III部

シニアコンサルタント・マネージャー編

ミッションは勝つこと

第10章

「真剣にやってその程度なら降格しろ」

――マネージャーの絶対条件

「要するに三、四〇〇〇年前から戦いの本質というものは変化していない。戦場に着くまでは補給が、着いてからは指揮官の質が、勝敗を左右する」

――田中芳樹『銀河英雄伝説1 黎明篇』

美しく燃えるジョブ

本書の読者の多くは、コンサルティング業界のスタッフか業界志望者だろうか。もしそうなら、少し目を閉じて、将来、自分自身はどんなマネージャーになりたいのかを想像してみてほしい。顧客と対話し、予算を作り、ビジョンを掲げ、スケジュールを引き、クライアントの課題を解決する自分自身を。ずっと追いかけてきたマネージャーの姿にいつか自分が追い着いた時、自分のプロジェクトをどのようにしたいだろうか？

私はマネージャーになるまでに、あまりにも多くの倒れた同僚を見てきた。その中には先輩も同期も、自分自身の部下もいた。もうこれ以上、仕事で苦しむ人を出したくない。私はどんなに大変な仕事であっても、誰も倒れることのないプロジェクトを作りたいと思っていた。関わる人全員が笑顔で終われる仕事を作り上げることが、理想のマネージャーであると考えていた。

だが、マネージャーになった私は、自分の理想がいかに甘いものであったかを早々に思い知らされることになった。

休暇から仕事に戻った私のもとにある日、

「お前は赤穂浪士か？」

というメールが突然届いた。送信元はジュニアコンサルタント時代にお世話になったチャゲさんというディレクターであった。オールバックに鋭い眼光、肩で風を切って歩くその姿は正しくゲーム『龍が如く』の桐生一馬その人であり、特に若手スタッフからは近づき難いシニアマネージャーとして恐れられていた。かつて彼に経費精算の承認をもらおうとしたスタッフはどのタイミングでサインをもらうべきなのかがわからず、彼がトイレから出てくる瞬間を待ち構えて、涙目でサインを求めたほどである。

チャゲさんのアサインの仕方は独特で、ある同僚は「お前は風に乗る凧だ。風の流れる方に流れろ」と言われてアサインされたという。意味がわかるようなわからないような、まるで新撰組の隊長が異世界転生で現代のコンサルティング会社に就職してしまったようなタイプの人なのだ。

少しコミュニケーションの仕方が独特だったが、その強力なリーダーシップと仁義の厚さに惹かれ、周囲には彼を慕う部下が集っていた。私もその一人だった。

所属しているプロジェクトの繁忙期を越えたタイミングだった私は、チャゲさんからのメールに「全力で取り組みます」と返信した。マネージャーへの昇進が決まっていた私は、この新しい仕事でやっと自分のチームを組閣できるとやる気に燃えていた。

私のミッションはクライアントのもとで新たに立ち上がる部署の業務設計であった。法律の改正に伴い、新規部署の仕事の全量を定義し、手順を定めるという、それ自体は特段難しい仕事ではないはずであったが、難しくないはずの仕事をこれ以上ないというくらい炎上案件にしてしまったのだ。

プロジェクトがはじまり2ヶ月が経過した頃から少しずつ、歯車が狂いはじめた。まずこちらからの提案がまったくクライアントに刺さらない。紙に書いた議論したいポイントではなく、誤字脱字や体裁の揺れといった形式面の指摘を受け続け、本題の議論へ移ることができないままスケジュールが遅延した。マネージャーになり新しく受け持つことになった事務作業に時間を割かれ、新たに入ったコンサルティング業界未経験の同僚たちの作る資料について自分の目でその品質を細かくチェックすることができなくなっていた。

遅延を埋めるために人を追加するが、メンバーが次々とプロジェクトから脱落し、人事からの説明を求められて余計に自分の作業時間が作れなくなっていった。

追加した分の人の予算がプロジェクト予算の想定を大きく超え、その対処も遅れ、チャゲさんを含む上層部に対しての説明がまったく追いつかなくなっていた。また、協力会社との契約更新に必要となる手続きが漏れており、法務から説明責任を求められ、これが作業時間をさらに圧迫した。

内部の手続きに忙殺されるために、既に不満を抱えている顧客へのカバーが不十分になり、更なるクレームを受け、指摘は雪だるま式に増えていった。膨れ上がる指摘にチームメンバーの士気はどんどん低下し、さらに脱落者が増え、そして残ってくれたメンバーの残業時間の超過で社内の説明が必要になり……と、負のスパイラルから抜け出せなくなってしまった。

そんな混沌の渦中にいる私に対して、周囲の目は冷ややかだった。当時の直属の上司は「誰の味方をするのか選べ」「櫓《やぐら》を立てないからそうなる」という言葉をくれたが、私が陥った状況を抜本的に立て直すべく何かアクションをとる、ということはしなかった。超高速のまま墜落していく航空機を操縦しているが、着陸することもできず、とにかく残されたわずかな燃料を燃やしながら飛び続けるだけで、かろうじて自我を保っていた。

ある日ディレクターの藤木さんから「お前はふざけてこの状況を招いているのか、真剣にやってこうなっているのかどっちだ?」と問われた。当然ふざけているつもりはないと答えたら「では早く人事と相談してデモーション（降格）しろ」と言われた。返す言葉はなかった。「考えておきます」と言って端末を閉じ、帰宅した。

帰宅する途中、かつてヌタさんと仕事をしている時に一緒に働いていた先輩と偶然オフィスの入り口で会い、私の顔色を見て何かを察したのか飲みに連れていってくれた。私は藤木さんから言われた言葉を振り返りながら、先輩に「自分にはマネージャーは無理だったんだと思うんです」と話した。先輩は「それはお前が決めることではないし、お前にマネージャーができると判断した人たちの期待を裏切ることは俺が許さない」と言った。

自分がどうすれば良いのか誰か教えてほしかったが、誰も教えてくれなかった。当たり前である。マネージャーになる人間は当然、学んだ上でマネージャーになる。だから年収が高いのだ。そんなこともわからずに、ただ役職につけば、それ相応の力が備わると当時の私は勘違いしていたのである。私は頑丈な社員ではあったが、マネージャーとしての能力はなかったのだ。

意を決してチャゲさんに状況を全部包み隠さず伝え、先輩社員にすべての権限を移譲した。どこまでも惨めだった。

私は経緯を知る人間として、その仕事に残り、サポートに徹した。気がつけば1年が過ぎようとしていた。その年の人事評価は最低ランクだった。比較的会社の景気は良く、まわりの人間は高い水準のボーナスをもらっていることが表情から見てとれた。最低評価の私にはボーナスはつかず、一体自分はクライアント、会社、チームの何を守れたのかと苦悶した。会社を辞めようとすら思った。

その頃の私に「会社内で環境を変えてみてはどうか？」と第三の道を示してくれたのは、木地さんという別の部署にいる女性のシニアマネージャーだった。

木地さんとは社内のマネージャー研修で知り合って以降、何かと研修のクラスが重なることが多く、とある懇親会で実は会社を辞めようと思っているということを打ち明けた際、彼女から別のオプションを提案されたのだ。

彼女がいるのはソフトウェアプラットフォームや通信事業の会社をクライアントとし、事業改革を提案することをミッションとした花形の部署だった。到底自分が異動して活躍できるイメージは持てなかったのだが、どうせ辞めるなら退職前に環境を変えてみるのも悪い考えではないと思い、その提案を受けることにした。異動は思っていたよりもスムーズに話が進み、翌年度の4月から新しい部署で働くことが決まった。

異動の内定を所属プロジェクトの周囲に言えずにいた。なんと言えば良いのかわからなかった。自分が一度はマネージャーになれたのはどんな状況でも逃げなかった一点にあったのに、その最後のプライドさえも捨てようとしていたのだから。

そんなある日、午後10時頃オフィスを出ようとした時に上司から電話があり、築地の寿司屋に呼び出された。言ってみると、上司とチャゲさん、そして藤木さんがそこにいた。

着席するなり、チャゲさんは「辞めるのか」と私に聞いた。もはや誤魔化しようもなかった。

「辞めます。異動してそこでゼロからやり直そうと思います」と答えた。

チャゲさんは既にかなり酩酊《めいてい》しているように見えた。呂律《ろれつ》はほとんど回っていなかったが、「俺たちは来るものは拒まないし去るものも追わない。けどな、寂しいよな」と言っているように聞こえた。

自分の中で1年間耐えてきたものが溢れ出し、涙が止まらなくなった。そのようにして私は自分を育ててくれた部署を逃げ出した。

如何なる手段をもってしても勝利に導く

第Ⅲ部をシニアコンサルタント・マネージャー編としているのは、シニアコンサルタントは実質的にマネージャーとして振る舞うことが求められ、プロジェクトマネジメント面の実績をあげた上で昇進することが理想とされるからである。

仮に個人としての仕事の評価は高くとも、マネージャーとしての経験値がなく何らかの事情（グローバルの景気に左右されたり等）でマネージャーになってしまった場合、年収は上がるが最初の数年は辛酸を舐めることになる。

私は最初の1年間、地獄を見た。やること為すことうまくいかず、上司に怒られ、クライアントの信頼を失い、部下は倒れた。がむしゃらに徹夜で働き、その上で何も残らなかった。それは私がコンサルタントとマネージャーとの差を明確に意識せず、何となく管理職になってしまったことに原因がある。ではマネージャーにはいったい何が必要であったのだろうか？

あえて断言したい。

プロジェクトを勝利に導ける——これが唯一にして絶対的な条件だ。

プロジェクトにおける勝利の条件はプロジェクトや顧客の特性にもよるが、概ね以下の点に帰結する。

・スケジュールの遅延、品質面の瑕疵《かし》なく、予算内でプロジェクトを完遂させること

・継続の案件が獲得できる、または将来性のある関係性を築けたこと

・チームメンバーのロイヤリティを維持し成長させ、社内で昇進させること

クライアントは満足、会社は儲かる、部下を昇進させる。この3点が満たせていれば、勝ちだ。個別の条件についてはプロジェクト開始の際に案件の責任者となるディレクターとよく議論すると良いだろう。

スタッフは試合の中で求められた役割をやっていれば良いが、マネージャーはそうはいかない。お前のヘディングに期待していると言われて試合に出た上で、新卒が上げてくる膝下にも満たない低いクロスを体でゴールに押し込み得点しなければいけない。ヘディングできる位置にボールがこなかった等の言い訳は通用しないのである。さらにピンチとあればフォワードであってもディフェンスに回ることも、それが勝ちに必要とあらば自分の判断で動かなくてはならない。負けたら終わりだ。

よくチームのみんなと一緒に考え、寄り添い合うマネージャーになりたいと言う人がいる。かつての私もそうだった。しかし会社やクライアントが求めているのはシンプルにプロジェクトを勝利に導けるマネージャーであり、なにも一緒に負けて、悲しみを分かち合うマネー

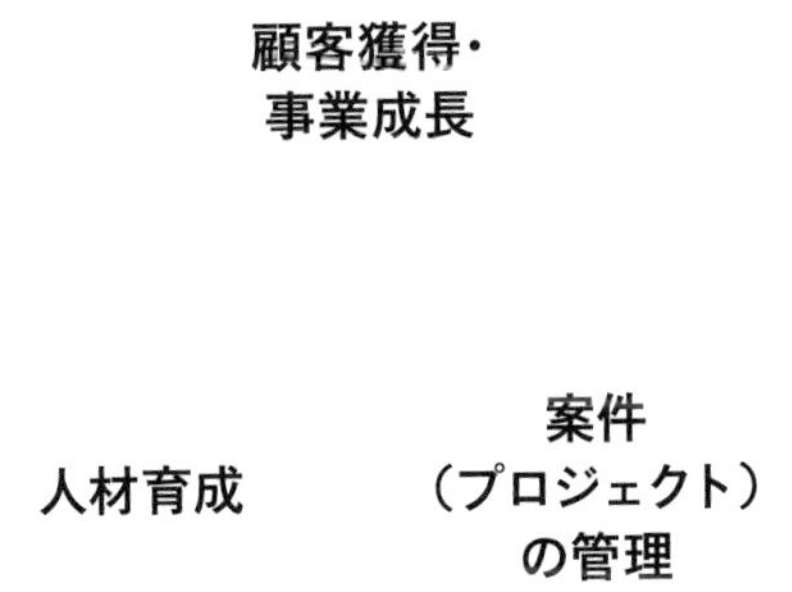

図24　マネージャーの3条件

ジャーではない。

マネージャーであるからには、どんな手段を用いても勝たなければいけない。社内に人がいないなら外部の業者を自分で連れてくる。ツールがなければ自分で探すか、作る。手段を択《えら》ばないとはそういうことであり、総力戦なのだ。

例えば、クライアント上層部が出席する会議、その失敗がプロジェクト全体の遅延や品質面の課題に直結する恐れのある会議、ネガティブな見解を持つクライアントが出席する可能性のある会議等、会議の失敗が即クレームへとつながるリスクがある会議は必ず自分で主導するようにしたい。それらの会議の準備のために、他の優先度の低い会議を切り捨てる勇気を持つ必要がある。

プロジェクトの主要成果物に関連する会議（会議の結果次第でプロジェクト全体の物量に大きな影響を与えかねないもの）や、はじめまして会議（クライアントのキャラクターが見えない時は最悪を想定して出席していた）等、その結果によって大きくプロジェクトの展望が変わるものについても、自分の目と耳で温度を感じ取り、制御可能な状態にしたい。

勝敗はプロジェクト開始前に大体決まっている

炎上しているプロジェクトには、提案書に書かれている内容が非常に抽象的であるという共通項がある。いつまでにどのような成果を出せれば良いのか、それはどのようなアプローチで実現可能だと考えているのか、この2点がまったくと言っていいほど記載されておらず、おそらくは似たような文脈の他のプロジェクトからコピペして作成した〝模造品〟提案が不幸にも受注へとつながってしまったというものだ。

このようなプロジェクトはどこに向かって走れば良いのかをクライアントと合意するところからプロジェクトがはじまるため、初速を出すことができない。ゴール設定が曖昧なまま時間だけが過ぎてしまうために、クライアントとしても「お金は払っているはずなのに、なんでまだこのレベルの検討ばかりしているの？　成果はいつ出るの？」というフラストレーションを徐々に溜め込むことになる。

このような状況に陥らないためにも、提案段階において万全の準備をしておく必要がある。以下、具体的に見ていこう。

1　成果の数値化から逃げない

リーダーの役割として、提案段階でそのプロジェクトを通して実現したいことについて数字で語ることから逃げてはいけない。先にも少し触れたように、定量的な数値目標をきちんと設定する。

なぜなら、たとえ普段やり取りをしている現場のクライアントが感謝してくれていたとしても、クライアントの上層部が注目するのはあくまでも数字だ。製造部門の生産性を半年で○%向上させることに成功した、調達コストを○%削減した等、コンサルティング会社に依頼したことによる成果報告はプロジェクトの最後に必ず求められる。

プロジェクトの途中で突然、成果の数値を求められても対応するのは難しく、これら目標は提案段階でクライアントとある程度合意をしておき、数値達成のための作業工程を設計しておくことが望ましい。

契約上どの程度数字にコミットするか、達成責任を負えるかどうかは、提案段階で社内の上層部やリスク管理を担当する部署とも綿密に協議をしておくと良いだろう。コンサルティング業務は完成責任まで負わない準委任契約で受託することが通常であるが、どのような契約文言にしておくことがクライアントと自社にとってベストであるのかを両社の法務部門を含めてよく協議しておこう。

2 プロジェクトを成功に導く具体的なアプローチを定義する

達成目標を定めたら、その目標はどのような手段をもって実現できるのかの仮説を提案書上に明記しておく必要がある。その仮説を検証すること自体が今回のプロジェクトの範囲であり、その仮説が間違っていた場合、次の仮説、その次の仮説をどこまで同じプロジェクトの中で検証するのかをクライアントと合意しておく。

事前にこの合意ができていれば、万が一目標を実現できなかった場合でも、プロジェクトのスコープとしてお約束した役務は行っているという説明責任は果たすことができ、クライアントも自社も守ることができる。

このアプローチや仮説については、プロジェクト開始前の提案段階でクライアントの上層部を含めて妥当性を議論しておくことが推奨される。万が一仮説が誤っていたとしても、クライアントの上層部を含めて議論した内容であれば、クライアントとしても諦めがつくが、現場だけで検討した仮説だとすると、なぜアプローチが間違ってしまったのか糾弾を受けるリスクがあるためだ。

少なくともここまでをプロジェクト開始までに完了しておきたい。

勝利に必要な人材をあらゆる手段で確保する

コンサルティング会社において、人が潤沢に社内に余っている状況は皆無に等しい。もちろん閑散期は存在し、いわゆるアベイラブルリストに普段より多くの人が並ぶことはあるが、優秀な人間ほどいつでも引っ張りだこだ。

逆にいうと、**いかに優秀な頭脳を社内で確保し、プロジェクトに引っ張り込むことができるのかはマネージャーとしての手腕の見せ所**だ。人材確保にあたって、まずプロジェクトの領域を、頭を使う（正解を考える）仕事と手を動かす仕事とに分ける。

前者は社内の上層部に掛け合い、有識者のリソースを10%程度でも良いのでスポットで借りつつ、短期決着を目指そう。社内で一番優秀な人間のリソースを占有することは不可能に近いので、週に1時間、2時間借りられるだけでも、門外漢の人間だけで検討を進めるよりはるかに効率的に仕事を進めることができる。

ある程度プロジェクトの方向性が定まり、具体的な作業ができるようになったのであれば、特に物量が見込まれる作業については社外の業務委託やオフショア（海外拠点にいる社員の参画）を含めて検討し、プロジェクト全体の人件費をコントロールしつつ進めると良いだろう。

また、コンサルティングファームのマネージャーはいかに社内のバックオフィスの力を引き出すことができるかがプロジェクト進行に大きく影響することを知っておこう。

社内のプロジェクトファイナンス担当、法務担当といった専門家の力を最大限に利用し、プロジェクトの財務、法務周りのリスクについてレビューを受けておくと良い。バックオフィス担当と日頃から細かくコミュニケーションをとっておくと、緊急の提案が必要になった場合等に力になってくれる。

また、海外オフィスでは日本オフィスにはない専門スキルを持ったチームや独自の労働力を提供しているチームも存在しており、それらの戦力を有効活用することで、クライアントに対してより質の高い価値提供を行うことができる。

天下分け目の戦いでは「迫力のある人間」を

プロジェクトのさなかでは、プロジェクトの成否、あるいは会社の命運を左右するような天下分け目の重要な会議が存在する。この会議はかなり重要なものになるぞ、という嗅覚はマネージャーにとって特に大切なサバイバル能力の一つになる。

冗談のように聞こえるのであるが、管理職であるマネージャーなり、さらに上席の者からの説明がないとクライアントは納得しないであろう場面で、平気で部下に説明を丸投げする管理職というのは比較的存在する。そういう嗅覚の働かないマネージャーはクライアントからも部下からも信頼を得ることはできず、遠くない未来に失職することになる。

決戦とも言える場面は、ある日突然訪れたりもするので現実は恐ろしい。

例えば、毎月行っているクライアントとの月次報告会の前日、クライアントの部長から、今回の会議に、どうやら少し時間のできた社長が様子を見にくる、と言われたような時だ。このような際、クライアントの部長が仮に「いつも通りで大丈夫ですよ」と言ってくれたとしても、マネージャーとしては危機意識を持つ必要がある。

ちょっとしたクライアントの社長の一言によって、それまで緻密に積み上げてきたプロジェクトの進行が大きく変わってしまうこともあり得るし、「そもそも、なんでこんなプロジェクトやってるの?」というような問いかけがあれば、継続案件の取得すら危ぶまれる状況に陥るからだ。

このような場合は、必ず所属部署の上司に即連絡し、翌日の会議に社内の可能な限り高い役職の人間を連れていく必要がある。**少なくともクライアントの社長と同等程度、業界のビジョンについて語れる人間でないと、迫力負けしてしまうリスクがある**からだ。

クライアントの社長は、百戦錬磨でビジネスの厳しい戦いを潜り抜けてきた人生経験の豊富な、胆力のある人間ばかりだ。コンサルタントとして優秀だったとしても、若手や中堅クラスの社員では人間的なスケールや凄みはまだまだ乏しい。ここぞという場において、人間的な経験値において迫力のある上席を布陣に加えることは、会社としての懐の深さを示す上で重要な作戦となる。

上司でも役員でもなんでも活用して、勝負に勝つための人的布陣を整えることが軍師たるマネージャーの責任だ。

逆にここでクライアントの社長の心を打つ会議ができれば、今後のプロジェクトのみならず、新しい仕事につながるチャンスともなり得る。翌日の会議に向けて1ヶ月準備してきた内容もあるだろうが、その内容を一部カットしてでも、社長に対して何を伝えるべきなのかを社内で討議し、時間の許す限り準備しよう。

作業に逃げない

マネージャーに必要なことは軍師として勝利のための大方針を練ることであり、断じて一つひとつの資料を作ったり、社内の手続きに忙殺されることではない。確かにマネージャーしかできない雑務も大量にあるが、可能な限り派遣社員やバックオフィスをフル活用し、外部化すべきだ。

〝自分が考え、戦略を練る時間〟を必ず確保する必要がある。忙しいから頭が動かない、は言い訳にならない。〝忙しくて回らない〟マネージャーは自らの無能さを証明しているようなものだ。

チャゲさんの下で働いていた時、私は完全に忙しさに逃げていた。クライアントとの定例会と社内の会議だけで定時までのスケジュールはほぼ埋め尽くされていた上に、関係会社との契約調整や部下とのコミュニケーション、細かいメールの返信、やる仕事はいくらでもあった。そしてこんなに忙しいのだから仕方がない、と本来やるべきことがやれていない現状について勝手に諦めてしまっていた。管理職になってもなお、頑張り続けていれば、長時間働いてさえいれば、きっと報われるのだという信仰を捨て切れなかったのだ。

資料作成もまた脳と手を長時間拘束する沼だ。どの資料について自分がどの程度時間をかけて作るべきかにはこれまで以上に気を使い、必要以上に熱中しないようにしたい。今書こうとしている資料は誰とどのような用途で使うものなのか、どの程度の時間を投下することが費用対効果として適切なのかを冷静に見極めたい。

時間を捻出するため、**優先度の低い会議を無視する**ことも必要だ。

その会議は本当に30分、1時間費やすべきものなのか、しっかり吟味しよう。アジェンダが曖昧であったり何を求められているのかが不明瞭な会議は断りを入れ、どうしても出席が必要な会議でも、例外的な場合を除いて30分以内で終える算段をつけよう。

またクライアントとの会議が多すぎる場合、提案営業に必要以上の時間を費やしてしまっていないかに注意しよう。悲しいことに、予算と発注のそぶりを見せつつ、コンサルタントに提案書を作成させ、プレゼンテーションに対する質疑から多くの情報を取得しようとする心無い会社も存在する。

新規営業を行う場合は、何回の会議・プレゼンテーションで決着させるつもりなのかを事前にクライアントにも伝え、契約締結までの具体的なスケジュールを決めて挑むようにしたい。フリーライド（ただ乗り）されていいほどマネージャーは暇ではない。

一方で、プロジェクト成功のために絶対に落とせない会議については部下に任せず、自分で資料のメッセージを練り、構成し、プレゼンテーションも自分で行い、自分が論破された場合のバックアップとして上司を招喚しておこう。万が一にも負けてはいけない戦いについては、先に述べた通りだ。

勝てるチームのコミュニケーション

大きなプロジェクトを担当することになれば、現場の状況をすべて自分の目で確認することはできなくなる。しかし、プロジェクトの状況は日々変わっている。特に昨日まで順調に行っていたはずのことが、今日になって暗転していることも日常茶飯事だ。

だからこそ、どんなに忙しい日々であっても、チームメンバーとは必ず会話をしよう。

私の場合は、毎日決まった時間に15分程度の朝会を設け、一人ひとりから状況の共有をしてもらう時間を作っていた。**対クライアントとのやり取りで気になる点はないか、作業上の問題点はないか、ヒアリングする。**そうした場で日々適切なコミュニケーションをはかれれば、メンバーたちは文字通りマネージャーの目となり耳となってくれ、質の高い現場の情報を吸い上げることができる。

また、スタッフが1日迷子になっている状況が発生すれば、その分の人件費は無駄になってしまうため、チームの予算を管理する人間として、各スタッフが問題を抱えていないかを常に確認し、必要に応じてすぐにケアしよう。

もしも顔色が悪い、表情が暗い、言葉尻に棘《とげ》があるなどのネガティブな兆候がある場合、1対1で会話する時間を別途作ると良い。当人の主張をまずは否定することなく受け入れる。と同時に部下の主張に流されてもいけない。スタッフのやりたいことが必ずしもクライアントの利益につながるわけではないからだ。

「上に立つ者は下の者の気持ちは汲んでも顔色は窺ったらあかん」

久保帯人『BLEACH』

これは、プロジェクト全体に対して責任を負う管理職が心に刻む必要のある言葉だ。

勝てるチームにするためにもメンバーそれぞれの得意領域を理解し、構成する必要がある。新卒から生え抜きでコンサルタントをやっている社員は通常資料の作成が手早く、クライアント上層部との対峙にも長《た》けている。異業種から中途で入社してきている社員は、事業会社の内部にいた人間としての専門性や鋭い現場感覚を持ち合わせており、現場のクライアントとのコミュニケーションを任せると良いかもしれない。

またコミュニケーションは苦手だが、プログラミングやデータのモデリングに秀でている人については、対クライアントや社内の調整業務のすべてを免除し、中期的なスケジュールの中で集中して一つの成果を出してもらうのが良いだろう。

そのようにチームの一人ひとりに対して、どのような活躍を期待しているのかを開示し、互いの長所を認め合える空気を作ることもまたマネージャーの重要な仕事だ。

第　章

「お前って結局何ができる奴なんだっけ？」

——自分が進化し続ける重要性

ところで平凡な俺よ
下を向いている暇はあるのか
——古舘春一『ハイキュー!!』

新天地での衝撃的なカルチャーギャップ

木地さんの勧めで異動した先の部署は、メガベンチャーやいわゆるプラットフォーム企業と呼ばれる業界を担当する部署だった。クライアントの中でも比較的歴史の浅い領域を担うその部署は、私が育った部署とは何もかもが違った。それまでは主に官公庁や行政機関に対してのサービスを主要とする部署であり、プロジェクトが完了するまでに納品すべき成果物が明確に定義されていた。また、成果物の内容のみならず、形式面についても高い品質が求められた。

　資料に誤字脱字が1文字でもあれば全資料総点検といったことも珍しくない官公庁業界でスタッフ時代を過ごした私にとって、新しい環境において求められる資料は恐ろしくラフに見えた。スライドに誤字や脱字があったとしてもクライアントから特段の指摘はなく、これまで多くの時間を費やしていた資料の体裁を整えるといった作業は優先順位の低いものとして扱われた。その代わりに、新たなクライアントたちは議論のスピードを何よりも重視した。

　異動して最初のクライアントは、数々の起業家を輩出してきたことで知られるプラットフォーム企業だった。環境が変わったとはいえ、異動前の部署での習慣が体に染み付いている私は、新たに私の下についてくれたスタッフが作成する資料に含まれる誤字脱字をせっせと修正した。しかし、修正作業そのものに意味を見出す人はクライアント側にも社内にもおらず、カルチャーギャップに衝撃を受けた。

　新たなクライアントはコンサルティング会社の一人ひとりに対して、徹底的に「意思」を求めた。あなたはどう思いますか？　あなたのアイデアはなんですか？　これを特に管理職以上には要求した。

　私は戸惑った。クライアントから「あなたはどうすれば良いと思いますか」と聞かれた時に、気の利いた受け答えをすることができなかったのである。自分の希望で異動したのにもかかわらず、当時の私はまだ前部署での強烈な失敗体験を引き摺っていた。失意の巣食った私にとって、自分自身の意思を持つということはたまらなく困難に思えた。

私自身が意思を持ったところで、それにどのような価値があるのか、と思うと言葉が出てこなかったのだ。

奇才・カワシンとの出会い

新たな部署で私の上司になった男は、転職組のカワシンと呼ばれる奇才であった。システムインテグレーションを生業とする日本企業を退職後、カリフォルニアのビジネススクールでＭＢＡを取得し日本へ戻ってきた彼は、これまで私が出会った上司の中で最も自由であり、強烈な個性を放っていた。

チームの全員に英語学習と読書、そして感想のアウトプットを強く推奨し、LinkedIn のプロフィールに英語でレジュメを公開させ、自分自身が一体何ができ何ができない人間であるのかの〝価値の可視化〟を強く求めた。

カワシンは上司であっても部下であっても、彼の主義に合わない者に対してはチャットだろうが対面だろうが強い大阪訛《なま》りの口調でとことん糾弾し、その多くが問題発言として扱われ役員や人事部からの呼び出しを受けた。しかし本人はまったく怯《ひる》むところがなかった。

カワシンは私に「お前は結局何ができるやつなのか?」という、私自身が逃げ続けた問いを明確に突きつけた。「お前はすぐに政治をやる。いろんな人の要望を叶えようとするが、そこにお前の意思がない。だから周囲に信用されない。お前の下にはチームを作ることができない」と私を評価した。

図星だった。彼は私のすべてを否定した。私が得意とする綺麗な議事録ですら、彼はその価値を認めなかった。俺たちは日本語の美しさを売っているわけではない。見かけだけが美しくても中身がなければ価値がないと、一刀両断していった。

彼は私に「勉強量が圧倒的に不足している」とも言った。「通常、世間がコンサルタントに期待する思考のフレームであったり、議論の運び方であったり、そういったものの型がお前にはない。すべてゼロから検討されたもののように見えるから、見る人を不安にさせる」と。

私が曲がりなりにも身につけ実践してきたはずの論点思考や仮説思考も、表出の仕方が控えめだったこともあり、彼から見たら全くもって不十分だったのだ。カワシンはこれまで調整屋としての機能に走りがちで議論の爆心地にいることを避けてきた私に、コンサルタントとしてゼロからやり直すのか、現状のままできることに甘んじるのか、その二択を突きつけてきたのである。

私は当時31歳になっていたが、特に強い専門分野があるわけではない自分を見つめ直す必要に迫られた。社内外の政治と調整はできる。しかし、戦略コンサル的な思考方法に強いわけでもなければ、英語もできない。テクノロジーに対する理解も浅い。およそ社会がマネージャーに求めるエリート像からはかけ離れた場所に自分がいることを自覚しなければならなかった。

相変わらずボロボロなプライドと生活の中、私は足掻《あが》くことに決めた。既に30歳を過ぎてはいたが、考えてみれば社会人生活の4分の1が経過したにすぎず、腐ったまま過ごすには残り30年は長すぎると感じた。意を決して自分自身の不得手なことを一つひとつ潰していくことにした。

自己改造プログラム

かくして私はコンサルタントとして人格矯正するためのプログラムを実行する。

最初のターゲットは英語だった。10年後も英語にコンプレックスを持ったままコンサルタントでいるのは、こうありたいと考える自己イメージとあまりにもかけ離れていたからだ。

英語コンプレックスを徹底的に克服するため、留学を目標とした勉強を開始することにした。渋谷の大手留学予備校の門をたたき、TOEFL対策講座を60万円で一括で購入した。

また、コンサルティングにおける戦略的思考とは何なのか、テクノロジーとはどういうものなのかを一から理解し直すために、手当たり次第に書籍を買い、始業前、クライアント先の近くのスターバックスに入り読み込んだ。世で売れているコンサルティング技術に関する本から各分野の先進技術に関する本まで徹底的に押さえることにした。

英語や読書と並行して、自分自身が周囲からどのように見られているのかを客観視する訓練をした。そのため、**社内の様々な人間に対して、積極的に1対1で話す機会を設け、フィードバックをもらう**時間を作っていった。それは自分の弱点を明確に言語化する機会となった。

当時所属していた部署に安木さんというディレクターがいた。彼は「ないものを求めすぎようとしてはいけない。この会社でマネージャーになったということは、既に何かしらの能力があるのは間違いない。問題は勝てる場所で戦えていないことなんじゃないだろうか」と新しい示唆を与えてくれた。

異動前の挫折経験が必要以上に私の自信を砕き続けていることに、改めて気づかされた。安木さんの言う通り、私は何もできないわけではない。ただ、自分自身ができること・得意とするところの言語化をサボって、勝てる場所を見定められていなかったのだ。短所のみならず、長所を捉え直し、私が自信を持って活躍できる方法を人に伝わる言葉にしていった。

英語学習について

各社で差はあるが、実は外資系コンサルティング企業でも、英語を使わずとも仕事はできてしまう。日本にオフィスを構えるグローバルコンサルティング会社は当然、日本以外の場所にもオフィスが点在しており、基本的に現地のクライアントに対しては現地のコンサルタントがコミュニケーションをとる。そのため、日本オフィスに所属していれば、最も使用頻度が高い言語は日本語となる。

また、コンサルティング企業では上流工程から下流工程まであらゆる種類の仕事が存在しており、そのすべての職種で慢性的に人不足という状況だ。そのため、英語が得意な人間であれば英語を使った仕事をすることになるが、英語を使う必要のない仕事も大量にある。実際、私も就職してから10年近くは英語を使う場面がなかったし、カワシンに出会うまでは、英語を使えないことについて、同僚や上司から特に何かを言われることもなかった。

だが、社内外において流通している情報のほとんどは英語であり、英語を使えるか否かでアクセスできる情報量に圧倒的な差が出る。加えて、クライアントが海外の先進事例を知りたがる場合や、プロジェクトをクロスボーダー（多国間にまたがり構成する形式）で進行する場合、英語ができなければ最新の一次情報に触れることは難しい。

英語コンプレックスの解消にあたって、リーディングとリスニングのみが科目となるTOEICの学習のみでは、ビジネスコミュニケーション上必要となるスピーキングとライティング能力の向上は期待できなかったため、海外大学留学の登竜門でもあるTOEFLの試験対策に取り組んだ。

大学受験以降たいして英語学習をしてこなかった自分にとって、その場で聞きとった1分間ほどの英文の内容を正しく理解し、自分の意見を英語として書き起こすような形式は難易度が高かった。

特にリスニングの力が弱かった私は、毎日2時間、取りつかれたように課題の英文を反復して聴きとり、念仏のようにシャドーイング（リスニングしながら発音する訓練法）を繰り返した。その甲斐あって、1年後にはある程度の英語については自然と英語のまま理解できるように脳が慣れてくる感覚があり、1年半を過ぎる頃にはスピーキング、ライティング力が仕事での実用段階に達した。

TOEFLの学習は思わぬ副産物を与えてくれた。大きな収穫は、幅広いトピックに対して、自分自身のスタンスを明確に喋るのに自然と慣れたことだ。

ＴＯＥＦＬ試験は英語圏の大学に非ネイティブの学生が入学した際に、授業についていけるのかどうかを判断する基準として用いられるため、その試験では、時事問題、人文科学、自然科学と幅広い範囲が扱われている。アメリカの近現代史から古代マヤ文明、政治、社会問題、地質学、天文学に至るまで様々な題材について英文で触れ、それらについて英語で表現することが求められるのだ。

結果、どんなトピックに関しても短時間で自分の意見を論拠と共に提示する力が相当鍛えられたといえる。

当時の私にとって、週末通っていた留学予備校はある意味、仕事の現実から逃避できる息抜きの場でもあった。予備校には、社会や人生に対して自分なりの問題意識を持った同志が集まっている。ティーンエイジャーから50歳近くの経営者まで、多様な属性を持つ同級生たちが平等に意見交換を行う環境下で、私はコンサルタントという鎧を外し、裸の魂でコミュニケーションすることができた。

同級生の中には、アメリカでの懇親会などで社長の自分が英語をうまく話せないと、部下たちに示しがつかない、という理由で予備校に通っている40代後半の経営者がいたが、そんな学習への貪欲さは強い刺激になった。

人は何歳からでも学習できるし、学びを通して生き方を変えることはできるのだ。

ソリューション・アーキテクトの資格

自己改造プログラム第二の矢は、苦手意識を持っているテクノロジー領域をターゲットにした。私大文系を卒業し、特段プログラミング経験のなかった私は、エンジニアとして入社した同期のみならず、理系の研究室で何らかのプログラミング経験を持つコンサルタントと比較してもテクノロジーに関する知見が不足していた。

この頃、英語学習を通し、ただ無心で何かを継続し習慣化することができる、という自分の強みに気づいた。それを活かし、世界的に売上を伸ばしているクラウドソリューションについて集中的に勉強する時間を作ることに決めた。過去数回、プログラミングを独学しようとして挫折した経験はあったが、テクノロジーを用いて事業をどう成長させるのか？ の青写真を作るソリューション・アーキテクトであれば、自分にもできるのではないかと考えた。

学習は実際に手を動かしながら技術に触れてみることと、机上学習の両面を並行して行った。特にAWSやGoogle Cloudといったテクノロジーは、非技術者にとっては日本語訳の説明を見てもその概念を理解することは難しい。サービス提供元が配信している公式のトレーニングと合わせて、Udemy等の動画学習サービスの講座を活用した。こうした手を動かしながら学ぶ学習を通じて、これまで概念として知っているだけだった技術の世界が少しずつ理解できるようになっていった。

加えて、テクノロジーについての理解を客観的に証明するため、資格試験の勉強を進めた。AWSとGoogle Cloud、そしてMicrosoft Azureという世界3大クラウドサービスについて中級者向けの試験に合格することができたのは、大きな自信となった。

その後、クラウド技術の延長で興味を持ったセキュリティ分野についても勉強をはじめた。日本語では受講に60万円程度かかる専門的な動画学習が、英語で受講すれば10万円で済むことを知り、こちらを採用した。英語習得とテクノロジー学習という二つの努力が融合し、自分の新たな強みとなっていった。

他者評価という壁を超えて

職場における自分のパフォーマンスはあくまでもチームの中で評価されるものであるため、自分自身で勝手に評価することはできない。それは一スタッフであっても管理職であっても同じだ。

自己イメージと他者評価はしばしば乖離《かいり》する。自分は不眠不休でこんなにも頑張っている、同僚の○○よりもパフォーマンスが高い……そういう自尊心やプライドを全否定するものではないが、客観的に見ると、しばしば優先順位を間違えていたり、個人技に走るあまりチームのパフォーマンスには貢献していなかったり等、問題がある場合も多い。

自分がどのように振る舞うことで、より同僚のため、クライアントのために貢献できるのかはしっかりと対面でコミュニケーションをとりながら、その都度必要な軌道修正をしていきたい。

他者評価を知ることは、誰しも怖いことだ。自分の客観的イメージを突きつけられ、時に傷つくこともあるだろう。だがこれはプロとして長く仕事を続ける上で、どこかで乗り越えなければならない壁だ。

マネージャーとして自分のチームを作るためには、自分自身が周囲にどのように見られる傾向があるかをよく知った上で、チーム全体として頼りがいのあるチームに見せるためには、どのようなメンバー構成が必要なのかを考えられるようにならなければならない。

自分がチームをどうブランディングしたいのかメンバーともよく話し合い、役割の認識を揃えたい。一人ひとりの個性がチームの中でどう活かされるのか、具体的なイメージを伝えよう。

忙しい時期ほどチーム内でコミュニケーションの頻度が低くなり、お互いへの不満をくすぶらせながら、それをフィードバックする環境もないという状況に陥りやすい。特に管理職であるマネージャーは、チームメンバーとは少なくとも2週間に一度は現在のプロジェクトの状況や、お互いがどうすればもっと円滑に協力できるのか、カジュアルに語り合い探り合う場を積極的に作るべきだ。

私はよくチームメンバーに対して、「どうすればもっと○○さんの役に立てますか？　先週まではこの点を意識していたのですが、それは○○さんのためになっていましたか？」といった質問をし、**自分がイメージしている同僚への貢献と、相手から見たギャップを埋められるよう、率直に話し合う**ようにしている。

チーム運営のすべてが行き届いていなくても、同僚や部下の仕事環境を気遣い、問題点はすぐケアをする姿勢を示すことが、創造的なチーム作りへとつながる。

勝てる場所で勝負する

人間である以上、誰にでも強みと弱み、向き不向きがある。マネージャーにとって大切なことは、自分の特性を理解して同僚に対して開示し、必要なサポートを勝ち取り、欠点を補い合うチームを作ることだ。

平たく言うと、自他ともに強みはこれだ！　という「キャラ」を立てると、自己評価と他者評価のギャップもかなり埋められて、楽になる。

安木さんから「自分の勝てる場所で勝負をしたほうが良い」というアドバイスをもらって以降、私は苦手な仕事については可能な限り断ることを覚えた。具体的には既にクライアントと深い関係性ができている状態——安定的で既にでき上がったルールに沿ったプロジェクトについては私の得意分野ではなかった。その点を明確に周囲に開示し、もしそういった仕事を請け負うのであれば、自分とは異なるパーソナリティの右腕が必要であることを主張した。

代わりに、既存のリレーションのない顧客のところに飛び込み、プロジェクトを新規に立ち上げて軌道に乗せるような仕事は、積極的に引き受けた。あまりに現場が混沌とし、クライアント自身がどう進めていいかわからないプロジェクトの難局を解決したり、短期勝負のプロジェクトでも成果を出し、信頼を得ることができるようになっていった。

ドラゴンクエストやファイナルファンタジーにおいても、パーティの全員の属性をバランスよく分けるように、全員が物理攻撃の得意な戦士属性である必要はない。チームの目的は、互いの欠点を補って勝つことだ。マネージャーでも自分の強みが戦士や踊り子等のサポート

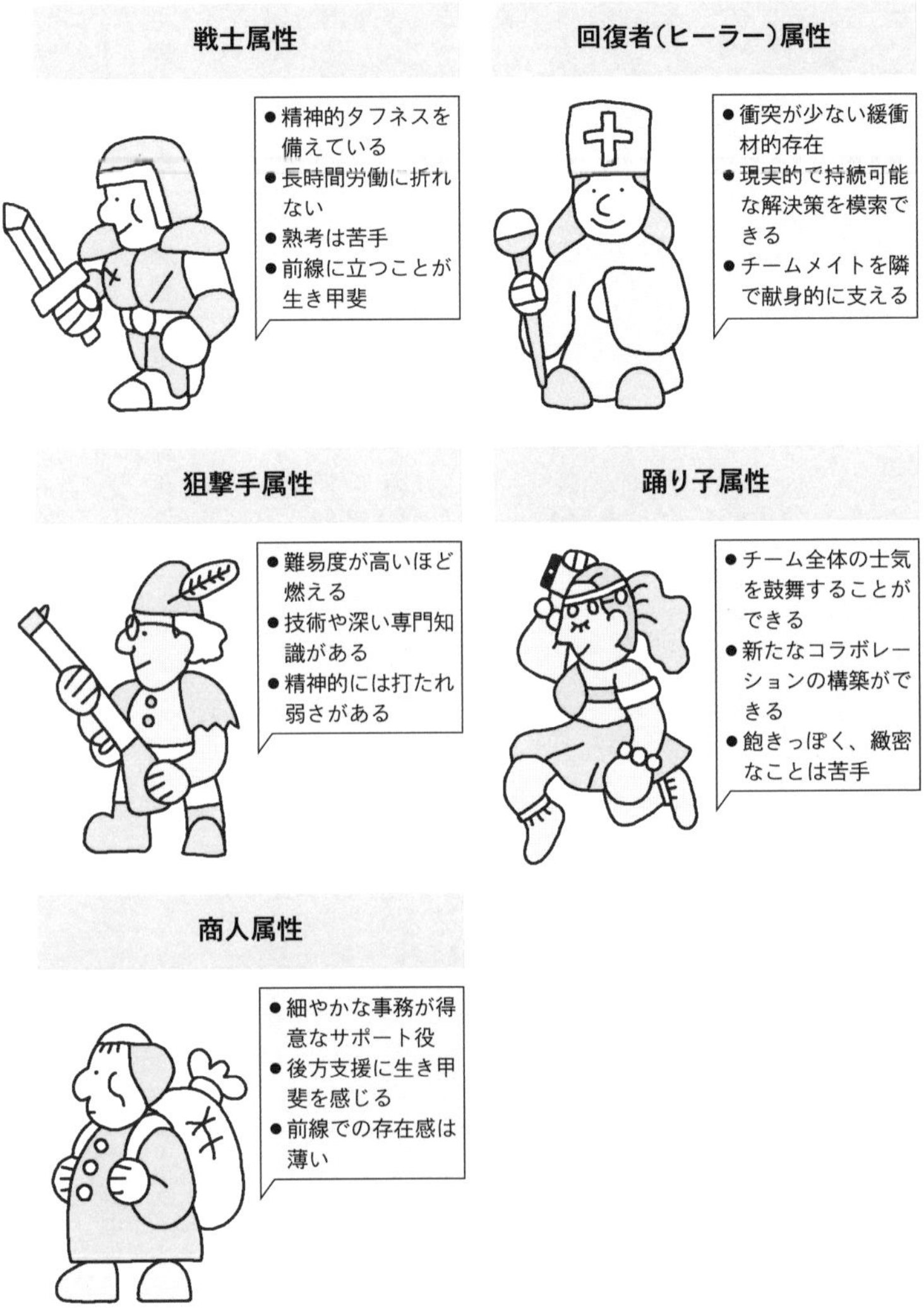
戦士属性
●精神的タフネスを備えている
●長時間労働に折れない
●熟考は苦手
●前線に立つことが生き甲斐
回復者（ヒーラー）属性
●衝突が少ない緩衝材的存在
●現実的で持続可能な解決策を模索できる
●チームメイトを隣で献身的に支える
狙撃手属性
●難易度が高いほど燃える
●技術や深い専門知識がある
●精神的には打たれ弱さがある
踊り子属性
●チーム全体の士気を鼓舞することができる
●新たなコラボレーションの構築ができる
●飽きっぽく、緻密なことは苦手
商人属性
●細やかな事務が得意なサポート役
●後方支援に生き甲斐を感じる
●前線での存在感は薄い

図25　仕事のキャラクター図鑑

なら、その**個性を発揮できる場所を自分でデザインする**必要がある。

どういう仕事、どういう場所であれば他の人より高いパフォーマンスを発揮できるのかを率直に伝える。何ができて何ができないのかを周囲に開示することで、自然と勝てる場所へと自分を誘導するのだ。

第12章

「最高のチームでした」
──周囲を動かすビジョンを持つ

「勝利の信念は必ず打ち立てねばなりません。これは軍の義務と尊厳の基盤そのものです」
──劉慈欣／大森望他訳『三体II　黒暗森林』

グローバル案件における難局の突破

人は必ずしも費やした労力に対して一次関数的に成長するものではない。マネージャーとして敗軍の将だった私は、あるきっかけから徐々に自信を取り戻すことができるようになった。

ある日私は、社内で上司のタニさんから某企業の新規事業の立ち上げプロジェクトに参加してくれないか、と打診された。既に両社の役員間の強いリレーションによってプロジェクトの開始が決定しているにもかかわらず、それを統率するマネージャーがいない、ということだった。

クライアントのプロジェクトリーダーは外国人だった。海外でいくつもの事業を成功に導き、クライアントの社長に口説かれ、クライアントの新規事業の責任者となったという。当然、報告資料は英語であるし、業界のグローバル水準を知り尽くしているクライアントに対して提案する内容はグローバルの先端事例である必要がある。我々は会社の海外オフィスの有識者との共同作業やコミュニケーションに通用する英語力、そしてクライアントのグループ全体の命運をかけた新規事業というプレッシャーに耐え得る精神力とスキルを兼ね備えた精鋭が、今すぐに数十人単位で必要な状況であった。

しかし都合よく社内にそのような人材が数十人も余っていることはない。精鋭とされる人間は常にどのプロジェクトにおいても引っ張りだこで、新たな仕事を引き受ける余地などほとんどない。結果、タニさんの下に集まったのは数人を除いて社歴が2ヶ月以内の異業種からの転職組と海外オフィスのサポートメンバーのみだった。

中途採用の社員は、もちろん生え抜き社員とは異なるバックグラウンドと専門性を持っているが、クライアントがこのタイミングで求めていたのは、コンサルティングスキルを十分に持った社員だった。1週間という短期間でクライアントの現場の情報とマネジメントの意向を概ね把握し、会社全体として、チームとしてどのように動くべきかを〝阿吽〟の呼吸で意思疎通し、短期設計することが求められた。

なんとか人だけ集めたプロジェクトは、プロジェクト開始時点から既に暗雲が立ち込めていた。プロジェクトを引っ張るリーダーとなるべき人間が不足していたのだ。無理もなかった。チームの6割は業界未経験者、2割は海外からリモートで支援してくれるメンバー、そして日本側のメンバーで英語に堪能な人も少なかった。時差の関係で会議は深夜から開催されるが、英語力のある社員に海外メンバーとのコミュニケーションが集中して負荷が高まる一方で、何をすべきなのかがわからないまま、ただ漫然と時間を過ごしてしまうメンバーもいた。

クライアントの役員層に対する中間報告まで、刻一刻とデッドラインは近づいていた。中間報告の資料作成はインドオフィスに所属するプリンシパルが担当していたのであるが、報告2日前に社内のレビュー会で共有されたその資料の内容は、あまりにもクライアントの現場の実態とかけ離れたものだった。

私の職位は、資料を作成したプリンシパルよりも低い。また、会社内の実績においても、グローバルの有識者である彼に対して、私は特段目立った実績を上げたこともない極東の島国の一中間管理職だ。このままこの資料がクライアントの役員の前に出たところで、私が何かを咎《とが》められることはない。１年前の私であれば、そう思って流していただろう。だが、その時の私はその資料に対して猛烈な怒りを感じていた。このまま、この資料がクライアントの前に出れば、おそらくこの仕事は炎上してしまう。私が過去やってしまったように、心身の限界まで働いている数十名のスタッフの職務経歴に、上の人間の報告一つによって敗軍の一行が追記されてしまう。

とにかく、それは絶対に嫌だと感じた。私はもう人生でこれ以上敗北を繰り返したくなかったし、プロジェクトメンバーを敗軍にしたくなかったのだ。

レビュー会の終盤、私は拙《つたな》い英語でその資料はおそらくクライアントの期待と異なるであろうことを説明した。当時レビューを担当していたのはトルコからやってきたタネルという役員であったが、初対面の私の説明を真剣な眼差しで聞き取ったタネルは、「あなたならこの資料を１日で直すことができますか？」と聞いた。

「できると思います。ただし、会社内の領域有識者の時間を明日１時間ずつでも良いので私にください」と条件を提示し、修正を引き受けた。

失敗すればプロジェクト全体が燃え上がるであろうことが明確なこれまでにない重責であったが、私の頭は冷静だった。何をどう書くべきか、どの程度書くべきかのイメージが不思議と自分の中に明晰に浮かんでいた。

　なぜなら、既に現場のクライアントとチームメンバーとの真剣な議論を通して、どのようなことが現場で問題となっているのかは概ね把握できていた。また、クライアントの経営層との会議であれば、会議中、フォーカスして議論するスライドの枚数はそれほど多くならない。あとは唯一欠けているパズルのピースであった社内の有識者の意見を束ね、それらを一紙入魂のアウトプットとして取りまとめるだけだからだ。

　レビュー会後、資料を別の方向性からまとめ直し、翌日私は当時自分の隣で働いてくれていた後輩と二人で、社内の有識者数名に資料のレビューをもらった。私の書いたことは的を射ており、さらに有識者からのアドバイスで補強された資料は十分な品質へと進化した。

　有識者の専門的コメントを反映し、一夜で書いた資料はクライアントの役員の心をとらえた。その会議は崩壊寸前であったプロジェクト内の雰囲気を明るくすることができた。チームごとに、いつまでに何をどのように動くべきなのかが明確になったために、各社員が自発的に目標へ向かって働けるようになったのである。

　さらに数ヶ月後、会社の歴史上でも珍しい巨額の継続受注をそのクライアントから受託することができたのだ。

　私自身、その時期、自分が成長曲線の真っ只中にあるということを明確に自覚することができた。それまで経験したあらゆる失敗や先輩たちからのアドバイス、あまり釈然と理解できなかった同僚や後輩からの進言、現在進行形で勉強している内容、今コミットしているプロジェクトの内容、あらゆる情報が立体的な一つの意味のある像として脳内に再構築されていくのがわかった。

このクライアントには具体的に何をどこまで言うべきで、何を判断してほしいのか、社内に対してどのタイミングでどのようなサポートをどういう形で求めれば良いのか、部下にはどのメンバーにどの粒度の指示をどのくらいの単位で切り出せば良いのか、そうした一つひとつのことが有機的につながって意味を持ちはじめ、その理由を他人に明確に説明できるようになった。

クライアントに対しても同僚に対しても、自分がどういう人間であるのか、何ができ何ができないのかを説明することについて、怖いと思うことがなくなった。職業人としての自分と本来の自分との境界がなくなり、融合していくようにも感じた。

それ以降、クライアントから何かを怒られることがなくなり、名指しで指名される機会も少しずつ増えていった。

ある日、一つのプロジェクトが完了した後、クライアントから懇親会の誘いをいただいた。

懇親会にはプロジェクトでお世話になったクライアントが多く出席しており、私とチームメンバーが同席させてもらうことになった。

当日、少しアルコールの入ったクライアントの本部長から、「私の長い社会人人生の中でこれまでたくさんのコンサルティング会社と一緒に仕事をしてきましたが、皆さんは一番挑戦的で野心的なチームでした。本当にお世話になりました」という言葉をもらうことができた。チーム全体が褒められたということがたまらなく嬉しく、込み上げる思いを隠しながら「私のチームは強いでしょう?」と私は答えていた。

プロジェクトの価値を再定義しよう

振り返ってみれば、マネージャー時代に自分が成長したと実感できたのは、自分一人で勝つのではなく、**チーム全体でプロジェクトを成功させるゲームメイキング**ができるようになってきた時からだ。

それまでの私は部下とのコミュニケーションを早々に諦め、一人では抱えきれない量の仕事を担い、自滅することが多かった。部下からしてみれば、まともなコミュニケーションもとってもらえないまま、勝手に仕事を引き上げられ勝手に失敗する無能な上司であったと思う。今でも本当に申し訳ない思いでいっぱいだ。

勝てるチームを作り、勝てるマネージャーになるためには、士気を常に高く保ったチームにすることが必須要件になる。どんなに個々のポテンシャルや能力が高くとも、士気が失われたチームでプロジェクトが成功することなどありえない。失敗の中から私が摑んでいったチームビルディングの要諦を、改めて以下に示したいと思う。


リーダーはチームに対して大義を語れなければならない。少し想像すればわかることだが、仕事を〝やらされている〟リーダーに付いていく部下はいない。毎日クライアントや会社の役員から叱責され、怒られた仕事をしょんぼりと進めているマネージャーの下で働いていると、自分も惨めな気持ちになるものだ。全く憧れることのできない人の言うことを聞くのは仕事であっても心情として難しい。

〝やらされ〟仕事ではなく、自分の意思で押し進めている仕事であることを説明するためにも、たとえ本意でない部分があるにせよ、プロジェクトの大きな意義、そのプロジェクトを通してチームそれぞれがどのように成長するのかを語れるように準備しよう。

無論、プロジェクトの内容は、クライアントへの提案段階で定義されており、どういうアプローチで進めれば目的を実現できるかも書かれている。だが、同じ内容のものでも、マネージャーが自分の中にストーリーを持ってプロジェクトの社会的意義を捉えている場合と、ただの業務の一環である場合とでは、チームにとってその仕事の価値づけは大きく変わってくる。

特に、参加する人数が数十人を超えるような大規模なプロジェクトではスタッフは自身の仕事が社会とどのように結びついているのかを想像することが難しい。そのような時は、「スーパーマーケットでの買い物がこんなにも便利になる！」「毎月の面倒な料金支払いがこんなに簡単になる……！」というように、スタッフ自身や、スタッフの家族の生活が、プロジェクトを達成することを通してどのように変化していくのかのイメージを伝えると良いだろう。プロジェクトの意味をより身近にリアルに感じてもらうことがポイントだ。

また、プロジェクトの中には、もはや惰性とも言える状態で続いてしまっているものが存在する。会社の売上にはなっているが、特にクライアントの変革に結びついている訳ではなく、社員が高級文房具としてクライアント先に潜り込み、小銭を稼ぐタイプのプロジェクトだ。

そのような場では、マネージャーがそのプロジェクトの価値を再定義しなければ、高い志を持って入社してきた若い社員のモチベーションを簡単に挫いてしまうだろう。もし自分でもそのプロジェクトの意義を全く感じることができず、**「前提を疑って」そもそもコンサルタ**

ントが介入する必要がない案件だと判断するのであれば、潔くそのプロジェクト自体を潰す英断も必要だ。より意義のあることへ会社の人的リソースを注ぐことが、全体としての最適解であったりする。

チームにバリューの高い仕事をしてほしかったら、そのプロジェクトの社会的な価値をマネージャーが自らの意思で力強く提示する必要がある。

若い部下たちとビジョンを共有する

コンサルティング会社には、極めて優秀な人材が集結している。10年前と比較すると、学歴だけによらない形で採用の裾野は広がっているとはいえ、国内トップクラスの国公立、私大の学生たちが新卒で入社してきている。多くの会社が欲しがっている優秀な若きエネルギーが集まってきている。

そんな彼らは様々なメディアでセンセーショナルに語られる、日本企業の旧態依然とした働き方を避けたくてコンサルティング会社に入社している。私がマネージャーになってから出会った新卒社員の多くも「この先どこで働いても恥ずかしくないスキルを、この会社で身につけたいと思った」「将来、父の会社の経営を継ぐため、この業界で社会をしっかりと見据えたい」といった高い志を持って来ていた。

彼らの洞察は驚くほど鋭い。そもそものプロジェクトの大前提や意義をしっかりと見つめ、自分が担当する作業がどのような意味合いを持つものなのかを知りたがっている。

「このプロジェクトはなんのためにやっているのですか？」

「この仕事をすることで、クライアントにはどんな良いことがあるのですか？」

といった若者たちからの素朴な疑問には、先輩社員として誠意を持って答えよう。特に仕事が忙しい時は説明に時間を割くのも骨が折れるものだが、マネージャーは自分自身の言葉でしっかりと語りかけ、プロジェクトに込めたビジョンを伝えよう。

こうした疑問を放置すれば、給与水準が高くとも、頭の回転の速い彼女彼らは早々に見限ってしまいかねない。スタッフは常にマネージャーの背中を見ている。何を問いかけても答えてくれない、仕事にも意味を見出せないとなれば、早々に信頼関係は失われ、チームとして機能しなくなるだろう。

もしもチームのスタッフから、実務的な懸念点（クライアントからのクレーム、特定社員のハラスメント疑惑、特定社員への稼働集中等、プロジェクト運営の根底に関わるかもしれない懸念点）を伝えられた場合は、1週間以内に解決する道筋をつけたい。報告してくれたスタッフとは日次でその状況をシェアし、改善点を伝えよう。

部下への言葉遣いについて補足すると、**「正しく報告しろ」と言うのは悪手**だ。そういうプレッシャーを与えると、本当は言っておいた方が良さそうだが確実ではない懸念点についての情報を、上司に上げにくくなってしまうからだ。

一度そういう空気になると、マネージャーとスタッフの間には情報の分断と不均衡が生まれやすい。

単に、プロジェクトの進捗をその目で確かめたいのであれば、自分で課題管理簿を開き、主要な成果物ファイルの状態をチェックすれば良い。気になっているチームの情報はいつでもマネージャーがアクセスできる場所に集約し、メンバーの日々の発言やTeamsやSlackのコメントを見ていれば把握できることも多い。そういう一次情報を自分で刈り取りに行く習慣があれば、スタッフに悩みを持ちかけられた際も、すぐに問題点を見極めて対処できるだろう。

新型コロナ流行以降、リモートワークが増えたが、こうした一次情報を得るにはスタッフと顔を合わせたコミュニケーションが一番効率的であることは間違いない。週に2、3回でも、顔を合わせて話を聞く場があると、チームでビジョンを共有し、何か懸念点があった際もすぐに報告されるような風通しの良い環境にすることができる。

情報は可能な限りオープンにしよう

メンバーにプロジェクトの現在地点を正しく理解してもらうために、管理職がキャッチした情報はほぼすべてのメンバーがオープンに共有できるような仕組みを作っておくことをおすすめしたい。実は、こういう日常的、実務的な情報のオープンソース化が、同じビジョンを共有するチームとして強い一体感と効率を生む。

例えば、マネージャーになると複数のプロジェクトを掛け持ちで担当することが多く、各プロジェクトのリーダーとして様々な会議に出席する機会も増えるであろう。

リーダー会議での決定事項は現場の作業にダイレクトに影響を及ぼすが、この情報共有がなぜか翌日や翌々日になることも多く、遅れて飛んできた議事のみを2日遅れでメンバーが知り、それならこの作業は後回しでよかったのに……といったタイムラグによるストレスが意外に発生しやすい。もちろん、公開範囲を厳密に規定すべき人事等のセンシティブな情報もあるが、プロジェクトに関する情報は、リアルタイムに近い共有をチームメンバー内で行えるほうが望ましい。

TeamsやSlackといったツールは、フラットな情報共有の場としてとても有効だ。メール

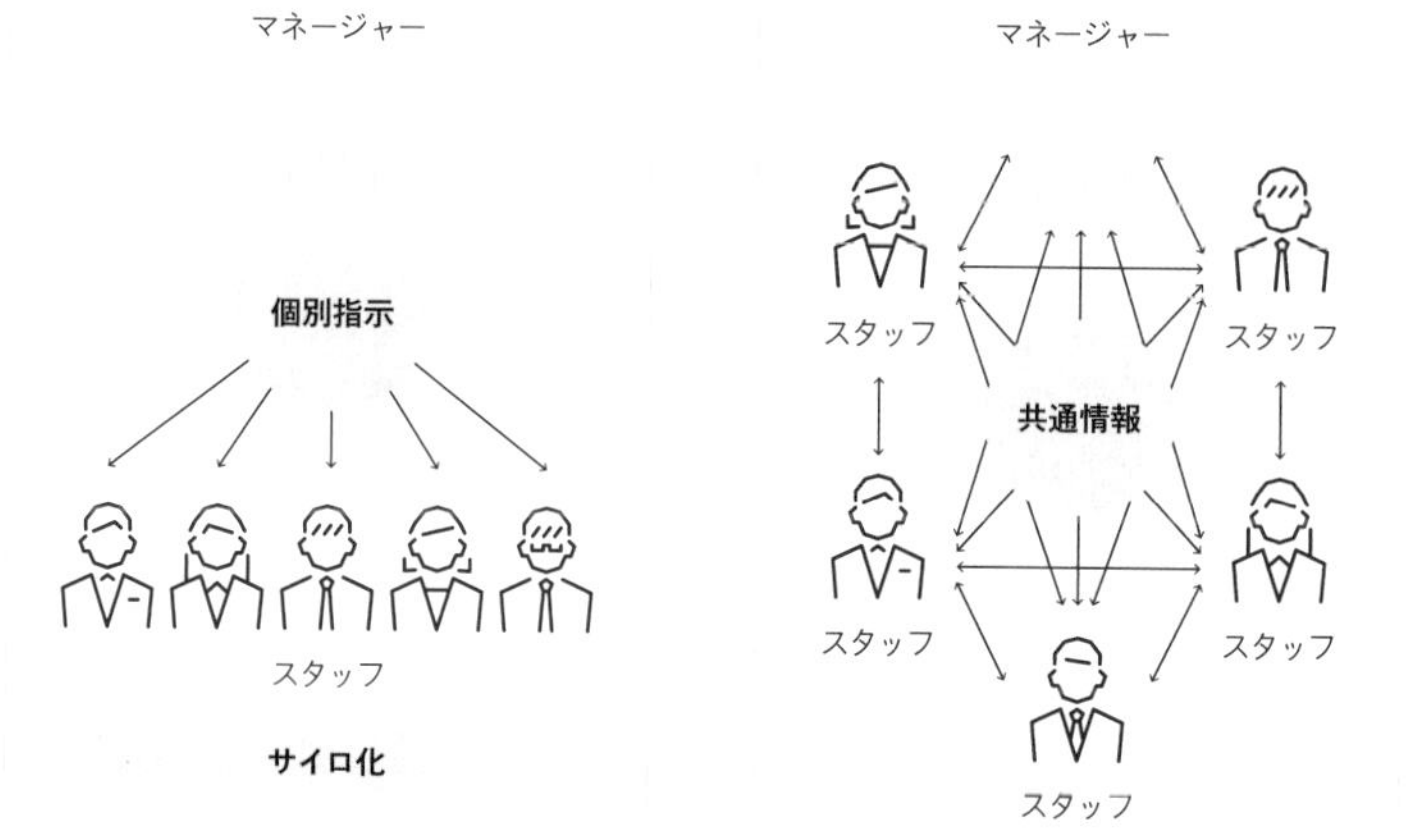

図26　情報のオープンソース化

による情報の共有は宛先を自分で指定する際に、この情報を必要としている人間を無意識に識別してしまう。チームメンバーAには関係なさそうな情報でも、Aはその情報を知ることで、より他のメンバーの意図を汲み取った動きが可能になるかもしれない。そうした可能性をメールコミュニケーションは知らず知らずのうちに摘み取ってしまう。

情報を正しく与えれば、メンバーは自分で考え、行動できるという性善説に立ち、誰でもアクセスできる公開チャネルのような場所に議事をタイムリー（会議後30分以内を目指したい）にシェアし、そのフィードバックをメンバーからももらうようなコミュニケーションのあり方をおすすめしたい。これはフラットでオープンなチーム運営のコツだ。

活躍できていない部下には環境を変えるオプションを

コンサルティング会社のスタッフが総じて優秀であることに疑いはないのであるが、様々な理由で十分な活躍ができない社員がいることも事実だ。そのような部下に対して適切なケアを行い、未来のキャリアを提示することもマネージャーの仕事になる。

可能な限りのサポートを行った上で、どうにもうまく活躍することができないスタッフがいる場合は、本人と密にコミュニケーションをとりながらプロジェクトから外す選択肢も早期に検討しよう。

マネージャーになった当初、私はチームとともに笑い、成長するマネージャーであろうとした。チームメイトがどのようなバックグラウンドや技術レベルであったとしても、自分のチームに来たからには笑って働ける場所にしたいと考えていた。そのため、自分のチームにやってきたスタッフたちには、プロジェクトの〝最後まで〟全員一緒に走り切ってほしいという一方的な思いを抱いていた。しかし、この甘い考えは結果として自分とメンバーの全員を不幸にしてしまった。

とあるプロジェクトで私は米田というスタッフと働いていた。日本の製造業から中途で入社してきた彼は、コンサルティングという新しい仕事の仕方にうまく適応することができずにいた。私は彼にとってハードルの高い仕事も、他のメンバーと平等に割り当て、チーム全体でその遅れをリカバーしようと必死になっていた。

彼の遅れを取り戻すために陰ながら尽力してくれたのは、田村という若い女性社員だった。彼女は多くを語らず黙々と仕事をするタイプであったこともあり、自分と同じキャリアレベルにありながら手厚いサポートを受けている米田と、その状況を放置している私に対してストレスを募らせていたのだ。

ある日、田村から呼び出された私は「私と米田さんと、どちらがプロジェクトにとって必要だと思っていますか」と涙ながらに訴えかけられたのだった。

プロジェクト単位の仕事において、できない社員を一人抱え続けるということは、その分の負荷を他の社員に強要することになる。もし、米田をプロジェクトに残したいのならば、米田が軌道に乗るまでの負担増はマネージャーがリカバーできる範囲までとするべきで、他のメンバーの負担となることを看過してはならなかった。

結果として、チームのスタッフたちは延々と改善しない現状と長時間労働に疲弊し、少しずつプロジェクトから離脱していった。

無論マネージャーは、社員の成長にコミットする立場だからある程度、見守る期間も大切だ。

しかしそれはクライアントへの価値提供、プロジェクトの完遂という最低条件が守られた上での話であり、スタッフの成長という不確定要素をチームの前提に組み込んではいけない。もし成長を要するメンバーを抱え込むのであれば、その分の実質的な負担を誰が引き受けるのかを明確にしなければならない。

活躍できないスタッフを早期にプロジェクトからリリースするのは、スタッフ自身のメンタルとキャリアのためでもある。パフォーマンスを発揮できない環境で長期間アサインすることは、当人の精神も確実に蝕《むしば》む。

スタッフ本人と今後どうありたいのかを話し合い、時にはキッパリと環境を変え、再チャレンジする機会を作る方が再起のきっかけにもなるのだ。

クライアントとのビジネスを拡張する役割

さて、プロジェクトリーダーであるマネージャーは現場のクライアントの満足だけでなく、クライアントの経営者からの信頼をも勝ち取り、その後のビジネスの拡張をしていく役割を担っている。今のプロジェクトを無事完了させるのは当然のことであり、積極的に次の案件

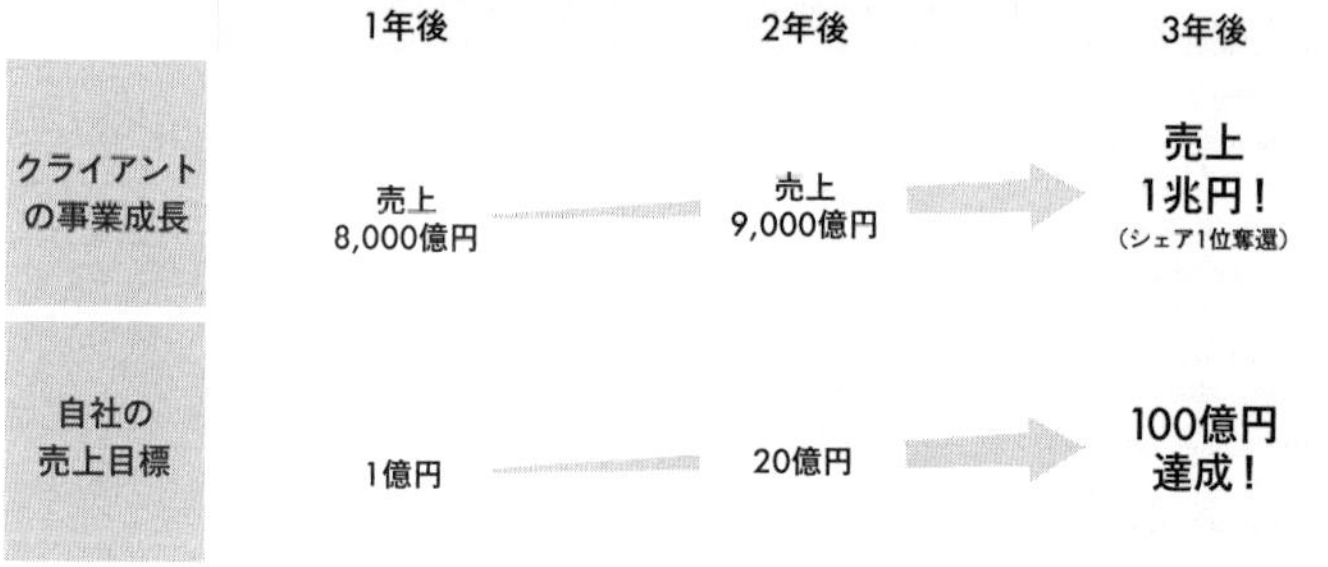

提案テーマ	会計業務のBPR RPAツール導入と 部分的自動化	会計システム基盤刷新 （クラウド基盤への乗り換え） AI導入による 自動化領域の拡張	事務業務の 海外拠点への切り出し 社員の専門領域 への注力化
確保が必要な人材	業務整理・ システム要件定義が できる人	クラウド移行・ AIを用いた 自動化の経験者	大型BPO案件の DD経験者、海外拠点との ブリッジ経験者

図27　クライアントと自社の売上のイメージ図

を獲得していかなければならない。

　そのためには翌年・翌々年、クライアント企業と自分たちがどのようなコラボレーションをしていくことが理想的であるのかをクライアントの上層部と定期的に話し合い、予算をとりに行く必要がある。上図のように、クライアントの事業の拡張をどのような角度から支援できるのかを探っていこう。

　現場のクライアントとの会話を通して抽出した課題の種をより大きなレベルで変革するためのテーマを作り、自社の有識者を引っ張り込み、自社としてのベストソリューションをプレゼンしよう。

　また、定期的な上層部とのコミュニケーションは、現場でやっていることの方向性と経営層が考えていることのギャップを早期に埋めるリスクヘッジにもなるため、プロジェクト開始のご挨拶の段階で定期的なコミュニケーションの約束をしておくと、以後の進行がスムーズになるだろう。

不確実性の時代だが、少なくとも1年後にクライアントと会社はどのような関係性を築けているのが理想か、今後どうしていきたいのかは、マネージャーとして自分自身のビジョンを持ち布石を打っておけるようにしたい。

自社の売上目標から見た時に、このプロジェクトはどの程度の規模感で貢献すべきなのか。あるいはクライアントの中期計画を眺めた時、追加で支援に入り込めそうな余地はどのあたりにあるのか、逆に競合に取って代わられるリスクのあるポイントはどこなのか？

クライアントのどの役職の人にどのような議題を持っていけば自分の考えているビジョンは実現できそうか。ビジョンの達成の障害となりそうなリスクシナリオはなんだろうか？　対策はあるだろうか？

そんな仮説思考を徹底的に行い、ビジョンの実現のために打つべき布石を準備していくのである。こうしたビッグピクチャーが自分の中にあると、自社の役員から今後のセールスプランを聞かれた時も、即座に説明ができるし、生産的な議論が可能になる。

己の世界観、そしてストーリーを持とう

マネージャーが対峙するクライアントの役職は必然的に部長以上が多く、本部長、そして、CFO、CTO、CIO等、Cクラスと呼ばれる重役と対峙する機会も増えていくだろう。彼らは会社の事業、そして数百人の社員の生活を預かる立場であり、コンサルタントという傭兵稼業とは背負っている責任の重みが異なる。文字通り、自分の判断ひとつで部下数百人の人生を左右してしまうような意思決定を行っているのだ。

当然、毎回すべての判断を正しく行える人間はおらず、彼らとてキャリアの中で苦い挫折を経験している。この事業を通して社会をどうすべきなのか？　という問いに多くの時間と思考のリソースを使っているリーダーたちがコンサルタントに求めることは世界観レベルの議論であり、目先の作業の細々とした進捗や、小規模なソリューションの話ではない。

「我々の会社によって、世界はどう変わるべきだと思いますか？」

この問いに答えることができるコンサルタントを、クライアントの上層部は事業を共に走るパートナーとして求めているのである。

この事業を改革することでどんな良きことを実現したいのか——そういう社会や未来への

長い射程距離を持った筋のいいストーリーこそが、真に有益で革新的な提案を生む。
経営者は毎日孤独と戦っている。社外からの様々なプレッシャーを撥《は》ね除けながら、部下たちを守っている一方、優秀であればあるほどに、部下たちには恐れられ、遠慮され、同等な立場で本音で話しあえる相手は社内に数えるほどしかいなくなっていく。そんな時、コンサルタントは経営者の隣にいる人間として、共に未来を議論できるパートナーでなければならない。経営者の意見に従属するのではなく、時には反対意見もぶつけ、考えを練り上げる契機を作り出すのだ。

自分の中に「ストーリーを持つ」とは、このクライアントと共に走った時にどんな理想的な未来が実現できるかという世界観であり、広々としたビジョンに他ならない。

大局的なビジョンは、ただ毎日目の前の業務に時間を溶かしているだけでは絶対に得られないものだろう。仕事以外で、社会と幅広い接点を持つことに意識的に時間を使おう。社外のコミュニティに参加してみるのも一つの有効な手段だ。一人の時間も大切にし、優れた本を読み込み、映画を見て、旅行をし、先人たちの悩み、世界の問題に自分を投影し、社会課題を自分ごととして考えたい。
それは、心身ともにハードではあるが、コンサルティングという仕事の最もスリリングな醍醐味なのだから。

光を示せ――

現代におけるコンサルティング会社の中間管理職は、非常に強いストレスを伴う仕事の一つだろう。

社会の働き方改革の流れに沿って、労務管理の徹底は現場のリーダーたるマネージャー職が責任を負うことになる。過去のように、無尽蔵に働き続ける戦士のようなチームメンバーの稼働に頼ることなく、10年前と同等あるいはそれ以上の期待値を持つクライアントと対峙しプロジェクトを成功へと導かなければならない。

無理難題と感じる場面も多いだろうが、こうした難局を創意工夫で克服できる能力があると会社や同僚たちから判断されているからこそ、マネージャーはその職位を任されている。マネージャーの仕事はManage、直訳すれば（なんとかする）（辻褄を合わせる）ことなのだ。

絶対にプロジェクトを成功させるという強い信念を持ち続けるために、日々の具体的な行動指針を自身に課そう。誰よりもクライアントのこと、そしてチームのことを自分が考えていると周囲に断言するために、何ができるだろうか。

毎日クライアントに関するニュースを読み漁り、関連法の条項まで調べ上げることだろうか。海外の事例を含めた最新の文献に目を通すことだろうか。どこまでやれば自分に自信を持つことができるかを考え、それを日々実行しよう。

時には周囲からは「なんでそこまでするの？」と言われるかもしれない。しかし、**一種の狂気とも言えるような継続的な習慣が、自分自身の仕事に圧倒的な裏付けと自信を与える**ことになる。

どのような逆境にあっても、絶対に勝算を捨ててはいけない。決して卑屈な姿を見せてはいけない。顔を上げ、このチームは勝てると言い続けよう。

マネージャーはいつどんな時でも、同僚たち、部下たち、そしてクライアントにとって、暗闇で道筋を示すカンテラでなければならない。荒波と濃霧の中でも希望を示し続ける灯台でなければならない。

光を示せ――。

コンサルタントがコンサルタントたる存在証明とは、世の中のあらゆる仕事に対する、暖かな道しるべ、光となることなのだから。

おわりに

本書を書くにあたり、本屋が併設されたコワーキングスペースをよく利用していた。ある日、本棚を見ると雑誌の表紙に「高収入職種、若者たちが流れるコンサルティング業界の実態」といった経済誌の見出しを見つけた。

読んでみると、新卒時から日本の大手企業よりも高い年収を獲得することができ、転職を繰り返すことで年収を釣り上げていけるいわば〝勝ち筋〟の職種としてコンサルタントが若者たちに流行しているという主旨であった。私も驚いたのであるが、ＢＩＧ４と呼ばれるコンサルティング企業を転職で一周することはグランドスラムと呼ばれているらしい。転職のたびに給与水準は１００万円相当変わり、一周するだけで数百万円の年収アップが叶うということだ。

キャリアに関するＷｅｂ記事でも、ＳＮＳの話題でも、いかに〝コスパよく〟働くか、ということに焦点を当てた働き方テクニックが数多く紹介されている。リモートワーク中は上司や同僚の監視がないため、本職はそこそこに、余った時間で副業をして稼ぐことが〝賢い〟働き方なのだという。

ここ数年、この〝賢くコスパのいい働き方〟という風潮は、ますます強まっているように思う。

私がまだ会社にいた頃、新しくプロジェクトを立ち上げる際は、マネージャーとしてチームメンバー候補のスタッフと面談を行っていた。そこでは、〝戦略〟や〝DX〟といういかにもな言葉のついたプロジェクトにアサインされることが、自分の未来のキャリアにとって最善であるかのように考えているスタッフが少なからずいた。

逆にシステムのテストや運用といった仕事は、まるで自分のキャリアの〝嗜好〟と合わないと考えているようだった。勝ち組であり続けたい、損で惨めな役回りは御免というこことなのだろう。

しかし、皆が皆、同じような〝戦略〟案件や〝DX〟案件を経験したとして、自分自身の仕事の独自性はいったいどこにあると言えるのだろう。もし読者の中に、コンサルティングは〝勝ち筋〟の仕事だから、という理由で選ぼうとしている人がいるのであれば、少し立ち止まって考えたほうがいいかもしれない。

私がコンサルティング会社で過ごした12年間は、決してコスパの良い働き方ではなかった。今ほど勤怠時間の報告が厳密ではなかったため、一時期はマクドナルドの学生アルバイトの時給の方が高いのではないかとも思えるほどに働いていた。戦略やDXとはほど遠い場所で、クライアントに業務の話を聞き、深夜も土日も問わず、数千の業務フローを毎日書き上げた。周囲には「そんな仕事は意味がない」と言う人もいた。

しかし、この千単位の業務フローを書く経験を通して、私は一つの特殊技能を身につけた。クライアントの仕事の一部を見て、話を聞くだけで、業務の全体像が立体的に脳内に図面として描かれる能力を身につけたのだ。この人がこれをしているということは前後にこういう仕事をしている人がこれだけいるはずだ、という業務の地図が頭の中に半ば自動的に描かれるようになったのである。

この能力は私のキャリアを通しての最大の武器になった。

漫画『HUNTER×HUNTER』では、ある武道家が、自分を育ててくれた武道への感謝の気持ちを込めて、「1日1万回の正拳突き」を数年間毎日行うシーンが描かれている。周囲からすれば異常、狂気とも思えるこの習慣は、結果としてこの武道家を唯一無二の存在としてのステージへと導く。

〝狂気がスペシャリティを作り、スペシャリティがキャリアを作る〟。

効率や勝ち筋という視点だけで自分自身の働き方を選んでいては、唯一無二の存在には永遠にたどり着けない。

本書を手にしてくれた読者は、おそらく自分自身の働き方やキャリアについて、主体的に構築していきたいと思っていることだろう。キャリアの選択肢としてコンサルタント業界に興味を持っている、あるいはこの業界に入ったものの、まだうまく力を発揮できなかったり将来の展望を思うように描けない不安から、本書を読んでくれたのかもしれない。

この本はコンサルタントという仕事の広大な序破急の「序」として記載した。この序をどのように解釈し、破壊し、そして自らの仕事の領域展開を生むものにするか、その魅惑的なストーリーを作るのはあなた自身だ。

読者のみなさんには、自分はどのようなことであれば、毎日夢中になって継続することができるのかを探しあててほしいと思っている。そこにこそ、あなたにしかできない仕事を生むオリジナルの才能が隠されているはずだから。

執筆を進めながら、これまでどれだけ恵まれた仲間たちと環境に支えられ、一人の社会人として生きてこられたのかを改めて振り返ることができた。不得意なことだらけだった不器用な私を見捨てずに根気強く育ててくれた上司と先輩方、不甲斐ない敗軍の将と成り果てた時も、最後まで支えてくれた同僚と後輩たち、誰一人として欠けていればこのサバイバルマニュアルを書き切ることはできなかったと感じる。

本書が読者の未来を少しでも明るく灯すものであってほしいと願ってやまない。

すべてのコンサルタントの栄光を願う。

メン獄

メン獄（めんごく）
1986年、千葉県生まれ。コンサルタント。
上智大学法学部法律学科卒業後、2009年に外資系大手コンサルティング会社に入社。
システム開発の管理支援からグローバル企業の新規事業案件まで幅広く手掛ける。
2021年に退職後、医療業界全体のDX推進を目指すスタートアップ企業に
DXコンサルタントとして就職。主に大企業のテクノロジーを用いた
業務改革の実行支援・定着化、プロジェクト管理、運用設計が専門領域。
コンサルティング業界の内情やDXトレンドを紹介し、
仕事をよりポップな体験として提案するTwitter、noteが人気を博す。

イラスト　海道建太
装丁・本文デザイン　古屋郁美

初出：2022年1月、noteにて「コンサルティング会社完全サバイバルマニュアル」
〈アナリスト編〉〈ジュニアコンサルタント編〉〈シニアコンサルタント〜マネージャ編〉の
3部作として掲載。単行本化にあたり、大幅な加筆・修正を行っている。

コンサルティング会社《がいしゃ》　完全《かんぜん》サバイバルマニュアル
2023年 3 月30日　第一刷発行
2024年 5 月25日　第七刷発行

著　者　メン獄《ごく》

発行者　小田慶郎

発行所　株式会社 文藝春秋
東京都千代田区紀尾井町3-23
郵便番号　102-8008
電話　(03) 3265-1211（大代表）

DTP　エヴリ・シンク

印刷所
製本所　図書印刷

ISBN978-4-16-391676-7　Printed in Japan